熊孩子爱耍赖，
妈妈怎么办

冯国强 著

电子工业出版社·

Publishing House of Electronics Industry

北京·BEIJING

图书在版编目（CIP）数据

熊孩子爱耍赖，妈妈怎么办 / 冯国强著.—北京:电子工业出版社，2020.1
ISBN 978-7-121-38208-6

Ⅰ.①熊… Ⅱ.①冯… Ⅲ.①儿童教育－家庭教育 Ⅳ.①G782

中国版本图书馆CIP数据核字（2019）第280572号

责任编辑：刘　晓
特约编辑：贾敬芝
印　　刷：三河市双峰印刷装订有限公司
装　　订：三河市双峰印刷装订有限公司
出版发行：电子工业出版社
　　　　　北京市海淀区万寿路 173 信箱　邮编：100036
开　　本：720×1000　1/16　印张：13.25　字数：212 千字
版　　次：2020 年 1 月第 1 版
印　　次：2020 年 1 月第 1 次印刷
定　　价：49.90 元

凡所购买电子工业出版社图书有缺损问题，请向购买书店调换。若书店售
缺，请与本社发行部联系，联系及邮购电话：（010）88254888，88258888。

质量投诉请发邮件至zlts@phei.com.cn，盗版侵权举报请发邮件至
dbqq@phei.com.cn。

本书咨询联系方式：liuxiao@phei.com.cn。

从"心"开始，守护你的"天使魔头" // **推荐序一**

中央广播电视总台著名主持人、三岁小姑娘的妈妈——王小骞

　　我的女儿刚刚满三岁，忽而"天使"，忽而"魔头"，切换仅在一秒之间，几乎无缝连接。没办法，孩子有他们自己成长的特点和必由之路，而家长要做的就是顺应他们的成长，用正确的方法引导和帮助他们度过一个又一个执拗时刻，让他们尽可能平顺地成长为有能力、有教养、懂得控制情绪，同时又保持着积极、乐观心态的人。然而，知易行难。想要做到零"狮吼"、不抓狂，仅有先天的爱心、后天的耐心，而没有强大的学习能力及专业人士的点拨，你试试？幸好，我结识了中国著名儿童发展教育指导专家冯国强先生！

　　我是个不喜欢打扰别人的人，不过，在我的小女儿进入"Terrible 2"（可怕的两岁）之后，我开始不间断、无规律地打扰冯老师了。说无规律其实也有规律，规律就是每次都在"天使"切换成"魔头"，并且切换不回来了的时候。遇到此类状况，我通常会先自己想办法，尝试后无效果，甚至情况更加恶化，逼得我抓耳挠腮，如笼中困兽般应对无策时，我才会拿起电话求助冯老师。他静静地听我诉说宝宝的"症状"，然后仔细分析、抽丝剥茧、对症下药。他对儿童心理的剖析细致入微，特别是能将深奥晦涩的儿童发展心理学用很"接

地气"的方式传达给我，令我印象深刻。更加令人钦佩的是，他每每都能够给出一些具体的教育方法，而不像那些"学院派的理论家"。每次放下电话，我依着冯老师的方法去做，"魔头"便瞬间切换回"天使"，一脸甜蜜幸福地望着我，有时还会附上一句："妈妈，我可真喜欢你呀！"语句的结尾带有软糯酥麻的"拐弯"。每每此时，我都分辨不清是自己被施了魔法还是我的宝贝被施了魔法。深究，不是魔法，是专业的、正确的方法！

教育家陈鹤琴先生曾说："父母，不是容易做的。一般人以为结了婚，生了孩子，就有做父母的资格了，其实不然。我们知道，栽花的人，要先懂得栽花的方法，才栽得好花；养蜂的人，要先懂得养蜂的方法，才养得好蜂……养小孩，不懂得方法，可能养好吗？"是的，方法！正确的方法！感谢机缘，让我结识了冯老师，在他的点拨下我顺利度过了一个个亲子教育的难关；感谢冯老师的这套书（《孩子"胆小"妈妈怎么办》《熊孩子爱耍赖，妈妈怎么办》等），可以让更多有心的父母在学习中成长。这套书通过大数据，筛选出最受妈妈关注的几大孩子成长难题——胆小、爱耍赖、注意力涣散、易怒爱打人等，几乎囊括了我和身边为人父母者遇到的所有棘手问题，为困惑的父母带来了方法，也为幼儿的心理健康提供了保障，潜心阅读后必定大有裨益。

在很多家长的心中，都存在一个很大的误区，认为孩子尚小，无须过多关注心理，关注了也没有用，他们也不懂。我必须说，这是大错特错的！一个人幼年的心理状态深远地影响着他的一生，成年人的任何心理问题、心理疾病在医生那里都会被追溯到其幼年时期。或许，孩子还小，囿于表达，但是这并不能成为忽略其心理活动的理由，相反，正因为孩子的表达能力有限，才更需要父母的智慧解读，来帮助他们实现心理层面的健康成长。

做了妈妈之后，我深刻地体会到用心做父母与懒散做父母的巨大差异——

一切的用心学习和付出都是有价值的，这价值或许是帮孩子理顺眼前的混乱的欣慰，或许存在于看不到的未来中，但终究你会从中受益，毫无疑问！希望更多父母从"心"开始，关注孩子的心理问题，守护孩子的美好心灵，帮助他们完成从弱小到强大的递进，让他们自由成长，在未来可以更加独立地迎接属于他们自己的精彩人生。

推荐序二 \\ 为了孩子，化茧成蝶

中央广播电视总台少儿频道主持人、"小爱也温暖基金"创始人——毛毛虫

2003 年，我进入中央广播电视总台少儿频道，以"毛毛虫哥哥"的身份有幸被众多孩子与家长熟知。我披上青葱的"毛毛虫"的外衣，走到孩子们的身边，与他们坐在一起、玩在一起，与他们相伴成长，一晃就是十多年。

多年的磨砺，让我在和孩子相处时可以从容自若，我熟悉他们的每一个可爱瞬间，每一句无忌的童言、成长的话语和每一次突然而至的小脾气。

这一切，让我曾自认为是最了解孩子的人了，直到有一天，我真正为人之父，才发现我并没有逃过所有年轻爸妈面对孩子时的迷茫——孩子哭闹不止时，我无法像在节目中那样耐心劝导；孩子怯懦退缩时，我也无法遏制自己真切的焦虑情绪……

当我脱下"毛毛虫"的外衣，走回自己的生活时，我才知道自己仍是那个平凡的父亲，长久以来"能带好孩子"的自信，在一次又一次的束手无策中慢慢地消散了。

孩子是父母的一面镜子，能让父母的本来面目"无处遁形"。养育孩子是人生路上的一场修行，对于父母而言，没有捷径可选，唯有用真切的陪伴去

帮助孩子战胜他们成长中的艰难。

虽然这本书主要解答的是"妈妈怎么办"的问题，但我觉得在孩子成长的过程中，爸爸和妈妈同等的重要性不言而喻。作为孩子的爸爸，我一样从我女儿的成长过程中发现很多问题，需要自己提高并和孩子的妈妈共同成长；在我女儿身上反映出的很多这个年龄段孩子的"认生""耍赖"等问题，都需要有一个正确且积极的指导方向才能解决，这本书恰恰及时出现在了我的面前。

因为工作原因，我也曾阅读过很多关于养育及教育孩子的著作，市场上这类著作林林总总，观点繁多，而我格外青睐从儿童心理学方向解读孩子的著作，因为这类著作总能让我在思考教育问题的同时，回溯自己的成长过程，给予自己重识自我的力量。

中国著名儿童发展教育指导专家冯国强老师，曾说过这样一段话："对于孩子——我是无不敬畏的，他们对人生的理解简单而深刻，他们身上那些我们曾经拥有却又迷失了的品质，不断地重新唤醒我们。"

是的，每一个孩子都是上天赐予的精灵，让为人父母的我们重新修行历练，而机缘巧合下读到冯老师的这段话，在我时而困惑的育儿之路上一直陪伴着我，让我在为人之父后，重新找回了曾经披上"毛毛虫"外衣时，敬畏孩子的那份初心。

当然，光有感性的笃定是不够的，我们仍会面对生活里孩子那千变万化的情绪与难以捉摸的行为，幸运的是，我们又迎来了冯老师的新作。在关注与解决儿童心理问题的这套书里，我看到冯老师对孩子心理问题的追根溯源，以及给予父母的科学有效的帮助与指导；字里行间，无不让我反思着自己的成长之路。

每一个孩子都是个性鲜明的可爱精灵，天下所有父母都希望孩子健康快乐。在此，真心希望冯老师的书能帮助更多的父母，为他们提供更多的养料，让他们在为人父母之路上化茧成蝶！

每一个孩子都是与众不同的独立个体 // **推荐序三**

悠贝亲子图书馆创始人——林丹

每一个孩子都是一个与众不同的独立个体。

对每一位家长而言，要想读懂自己的孩子，就要不断地学习。

只有不断地学习才能真正理解孩子的内心究竟在想什么。很多时候我们是不懂孩子的，成年之后，我们经常会忘记自己是如何从孩子成长过来的。

在成长过程中，我们是否也曾胆小退缩，难以融入社交生活？是否也曾黏人耍赖，渴求父母的陪伴？在你为孩子的专注力涣散困扰的时候，你可曾记得在课堂上思绪飘远的自己？在你为孩子易怒、爱打人发愁的时候，你是否觉察到成年之后的自己，情绪也仍时常濒临崩溃？

童年，是多种元素的复杂混合，是人生发展的起点。其实，在成长过程中，孩子无时无刻不在面临着未知的挑战与压力，而我们在成年之后，又何尝不是如此呢？

在悠贝亲子图书馆中，我接触到了千千万万热爱亲子阅读的父母，很高兴看到越来越多的父母变得"细腻"了。他们在陪伴孩子的过程中，开始觉察自己与孩子内心的连接，并仔细审视自己的成长历程，他们渴望用更科学的方式去高质量地陪伴与关怀孩子的成长。

冯国强老师的新书，就是这样一本既可以帮助父母更好地教育孩子，又可以使他们实现自身成长的宝贵手册。他从父母最关切的几个教育难题出发，抽丝剥茧般帮父母分析孩子的心理活动，并给出年轻父母可以快速理解的方法。

凭借深厚的理论基础和丰富的实践经验，以及在中国儿童早期发展领域的重要影响，冯国强老师自 1997 年以来，频频受到中央广播电视总台、北京电视台等多家电视台的邀请，并被多家权威育儿机构和早教媒体与服务机构聘为首席顾问。我在一次早教活动中有幸结识了冯老师，并被他的专业性、权威性和儒雅的学者风度瞬间折服。

在陪伴孩子的过程中，我始终认为知识的学习不应该是最重要的，因为那些知识在孩子以后的学习历程中早晚都能够获得，而综合的发展对孩子的成长至关重要。在我的育儿理念中，陪孩子"读万卷书"和"行万里路"，是给予孩子最好的陪伴。

那么如何让孩子获得最优质的陪伴呢？当直面孩子的各种情绪和问题时，我依然会像很多年轻父母一样彷徨与不知所措，冯老师书中的很多案例，常常会让我想起与自己的孩子相处的某个瞬间。

相信这本书会给众多迷茫的年轻父母带来启发，让他们学会科学地陪伴孩子，守护孩子健康与幸福的童年。

目 录

第三章　认清孩子耍赖背后的真实意图

第四章　要避免孩子耍赖，父母不能做的事情

第五章　防控孩子耍赖，我们需要这样做

第一章

熊孩子爱耍赖——
耍赖的几大场景

为人父母不是一件简单轻松的事，快乐中也不免会有痛楚。没有人喜欢孩子撒泼耍赖，但是如果我们站在孩子的角度去想，谁愿意总发脾气呢？哭闹、喊叫、破坏、捣乱……每种行为都需要消耗不少身心能量，而且这些付出还常常得不到好的结果。于是不禁有人要问，孩子们为什么总要费力不讨好地"搞事情"呢？

如果每一位家长都能这样反问自己，那么天底下的熊孩子就都有机会变好了。我们一定要相信，孩子发脾气耍赖的背后，一定有他们的道理，一定有他们的苦衷。

通常来说，孩子发脾气耍赖，或是因为他们的需求没有办法得到满足，这里可能是物质需求也可能是心理需求；或是因为他们遭遇了某种窘境，无论是来自他人的，还是源于自身的；抑或是因为他们陷入了某种负面的情绪而无法轻松地逃脱出来。

01 三个月的"睡渣"宝宝

小石榴出生在 5 月 16 日，妈妈用生日的谐音给他起了这个好听的名字。他也如家人期待中的那样，像红艳艳的石榴花般，是个非常可爱的小天使。

刚刚出生的小石榴是一个"甜睡天使"，每天要睡二十多个小时。他不需要抱着哄睡，甚至不需要吃奶就可以自己睡着，妈妈非常欣慰，庆幸自己生了一个心疼妈妈的天使宝宝。

但是好景不长，刚刚过了百天的小石榴，状态急转直下，变成了一个小"睡渣"——必须让人抱着睡或吃着奶睡，好不容易哄睡成功，一放到床上又马上醒来，开始号啕大哭，于是一轮哄睡大战拉开了序幕。

有时妈妈没办法，只好一直抱着小石榴，心中不免抱怨："哄睡要花两小时，只睡半小时，这就是传说中的熊孩子吧。"

更折磨人的还在后面。小石榴刚开始只是白天小睡的时候入睡难，睡的时间短，到后来连晚上的睡眠也出了问题，不仅入睡困难而且频繁夜醒，隔一个小时左右就要醒来吃奶，不给吃就大哭抗议，甚至到了不含着妈妈的乳头就没办法再睡着的程度，频繁的夜醒折磨得妈妈筋疲力尽。

像其他新手妈妈一样，小石榴妈妈开始在网上搜罗建议和"经验"，准备狠心对小石榴进行睡眠训练。

开始训练的第一晚，妈妈让小石榴比平时晚入睡半小时，在确保他已经很困倦的时候，才开始喂奶，而且在哺乳过程中不断揪他的耳朵防止他直接睡着。喂奶后妈妈把小石榴放在床上，硬着心肠离开了房间。不出所料，小石榴大哭起来，他平时都是被妈妈温柔地抱着，吃着香甜的乳汁，在妈妈的走动和轻轻摇摆中安然入眠的。可今天一切都变了，他一声比一声大地哭闹起来，既恐惧又愤怒。

此时，妈妈也如坐针毡，她看着表，一方面期待着小石榴的哭声能渐渐变小，一方面希望时间过得快一点，因为睡眠训练要求家长隔三分钟才可以去安慰宝宝。妈妈感觉度"秒"如年，终于挨过了三分钟，赶紧冲过去坐在小石榴旁边，轻轻拍着他，嘴里哼着小石榴常听的歌，希望以此安抚宝宝。但是小石榴根本不买账，看见妈妈，反倒哭得更大声了。

根据网上的经验，安抚两分钟后，家长又必须离开。妈妈硬起心肠，在小石榴的哭声中再次离开房间，掐算着五分钟后，再进去安慰两分钟。

这样几个回合之后，小石榴已经哭了整整半小时，他哭的声音的确越来越小了，最后含着眼泪渐渐睡着了。妈妈也终于松了口气，但内心却更加纠结了，这样对孩子真的好吗？看着宝宝紧握的拳头和皱紧的眉头，妈妈决定放弃这样的睡眠训练。

对于小婴儿来说，如果只是逆来顺受、不闹脾气，反而证明孩子的本领不够强。随着宝宝逐渐长大，睡眠的时间和节奏一定会出现变化，通常在 3～6 个月这个阶段波动得比较明显，因为宝宝睡眠和觉醒的神经调节机制还不够成熟，在这段时期"闹觉"，是常有的事，家长不该过分焦虑。

为了防止宝宝正常的睡眠波动演变成一个大麻烦，妈妈首先需要帮助宝宝排除睡前和睡中的各种干扰，声音、光线、被褥等各个方面的不合适，都可能会影响宝宝入睡；其次，从宝宝三个月大开始，妈妈就需要在白天适当地不断增加宝宝的游戏活动时间，让宝宝通过游戏把不断增长的身心能量合理地释放掉。

另外，入睡时最好也能给孩子"设立"一套相对稳定的程序，比如调暗灯光—播放催眠曲—轻拍宝宝等。通过合理的"训练"，让宝宝自己也加入到调整睡眠的努力当中，才是解决问题的正途。如果像小石榴妈妈一样，贸然地改变哄睡方式，或者强行要求宝宝"就范"，有可能会使问题复杂化，反而难以取得好的效果。

宝宝感觉到舒适和安全是情绪稳定的重要基础，在婴儿期尤其如此，在宝宝因生病或受到特殊的刺激"耍赖"时，我们更要加倍重视。希望宝宝不"耍赖"，就要先用心把他照顾好，只有让宝宝感受到舒服和安全，他才会从内心信任家人。

02 我养了一个"口香糖宝宝"：非得妈妈陪

搞了一次睡眠训练，也并没有实质性地改善小石榴的睡眠状况，但是它的"副作用"却好像一直影响着小石榴。

最主要的表现就是小石榴变得越发黏人起来，尤其是黏妈妈。白天的小睡，必须妈妈哄才能睡着；更严重的是，不但睡觉要找妈妈，玩的时候也得妈妈在场，妈妈一离开，他马上就中断游戏哭闹。

这样"纠缠"到小石榴九个月，一拖再拖之后，妈妈不得不回归工作岗位了。

从出生到现在的九个月，小石榴一直由妈妈带。如今妈妈要上班，小石榴白天就要和爷爷奶奶一起度过了。妈妈特意请他们提前来到自己家，和自己一起照顾小石榴，希望小石榴熟悉爷爷奶奶，进而可以平稳过渡。

然而，本来就黏妈妈的小石榴并不领情，让爷爷奶奶陪着玩可以，心情好的时候，让爷爷奶奶抱抱也尚能接受。但是到了犯困或者心情烦躁的时候，爷爷奶奶就不好使了，一抱他，他就会大声啼哭抗议，有几次甚至哭得上气不接下气，把吃进去的辅食都吐出来了。

然而妈妈必须要回单位工作了，她每天早上都趁小石榴不注意的时候偷偷溜出家门——结果可想而知，小石榴见不到妈妈，哭得惊天动地，闹得爷爷奶奶一天都手忙脚乱。妈妈回来后，小石榴便再也不要别人抱，紧紧地赖在妈妈身上。

白天没有小睡的小石榴，晚上又出现了睡眠倒退，有时甚至不到一个小时就会醒来，而且醒过来就往妈妈怀里钻，只有含着妈妈的乳头才能再次入眠。

看着孩子可怜的样子，妈妈心里很愧疚，每天回家后就一直陪着他玩，期盼着他会有所改进。但是她却严重低估了孩子的执着，白天的情形相对变好了一点，小石榴慢慢接受了爷爷奶奶。但晚上的情形就没那么好调整了，他一直夜醒频繁，几乎睡不了几个小时。

小石榴的不适应让妈妈好揪心，最后跟爸爸商量后无奈地决定——辞职在家专心带小石榴，等他上了幼儿园再考虑重返职场。

宝宝最初的心理需求是安全和舒适，从小习惯了妈妈的照顾，换了爷爷奶奶来照顾他会感到生疏。通过对不同照看人的比较，他会有所偏好，这其实是一种进步，现实生活中也有孩子睡觉专门找奶奶或者阿姨而不要妈妈的案例。

随着宝宝一天天长大，他的小脑袋开始思考了。他有时会担心接受了爷爷奶奶就会远离妈妈，所以会一方面表现得更黏妈妈，一方面又要跟其他家长拉开距离。我们仔细体会孩子的心思，往往会惊讶于他们的聪明。

和妈妈在一起，孩子会感到特别安心；如果妈妈不在，他会感到不安和担心，这样的情绪有可能释放到妈妈身上，即频繁地醒来——就是为了看看妈妈还在不在；也有可能释放到爷爷奶奶身上——即拒绝或哭闹。无论哪种表现，都是希望妈妈始终陪在自己身边，给自己安全和舒适的照顾。

这种最初的黏人跟日后的心理依恋是有区别的，如果爷爷奶奶或其他照看人也能够将孩子照顾得很好，让孩子感到舒适和安全，那么孩子通常不会过于执着地纠缠妈妈。但是如果最好的照看者突然离开,孩子感受到明显的反差,他们就可能因此而非常紧张,而且随后会非常警觉,这样的经历不断重复就很可能影响到孩子的吃和睡,就是所谓的"寝食难安"。长时间处在这样的情绪状态中,孩子会出现一系列的行为反应,各种耍赖的表现便在所难免了。

03 | 岁多脾气大，夜奶断不掉

自小石榴出生以来，一个"老大难"的问题折磨得妈妈筋疲力尽，那就是频繁夜奶。

妈妈原本期望宝宝能像书上写的那样，在七八个月大的时候顺其自然断掉夜奶。但是随着后来小石榴逐渐成为"睡渣"，妈妈不得不逐渐降低期望值：想着能在十个月左右断掉夜奶也行了，后来调整为只喂一次夜奶也能接受，再后来想一岁时只吃一次夜奶就很感谢他了……

可是现在小石榴已经一岁半了，一个晚上仍然要吃两到三次奶，早上六点左右还要吃一次奶，这样的"持久战"，让妈妈愈发感到崩溃。

奶奶建议，临睡前让小石榴吃一点米粥或者馒头、包子这样的主食，毕竟主食比母乳消化得慢，或许能让小石榴晚一点醒来。妈妈试了几天，不出所料，完全不奏效。

频繁夜醒已经影响到小石榴白天的精神状态，白天他不仅精力不够饱满，而且脾气越来越大，有一点不合心意便烦躁不止。妈妈自己也在这场"持久战"中熬成了"黄脸婆"，于是下决心再次尝试睡眠训练。

这次妈妈上网看了很多经验帖，又向各路专家请教，针对小石榴的实际情况，为他量身"打造"了一个断奶睡眠训练计划，内容包括清醒时的亲子陪伴、运动以及心理疏导，还有晚上的入睡方式、夜醒时的应对方法等。

妈妈先是用新的睡眠仪式代替奶睡，同时加大小石榴白天的运动量，逐渐把第一觉的睡眠时间延长。小石榴夜间有了动静时，妈妈及时轻轻拍拍他的后背，有的时候孩子还真的不用吃奶就接着睡了。

经过两个月的努力，小石榴的生物钟逐渐调整过来了，虽然仍有小的波动反复，但终于开始向睡整夜方向改善了。

半岁之内的小婴儿，半夜因为饥饿醒来吃奶，妈妈都会理所当然地接受，而大月龄的宝宝半夜仍然频繁醒来吃奶，妈妈们就开始疑惑了：孩子究竟是因为饥饿呢，还是因为情感需求？一味满足会不会使孩子养成坏习惯？而坚决拒绝又会不会给孩子造成心理伤害呢？

很多妈妈发现，本来已经能连续睡眠超过五个小时甚至整宿"甜睡"的宝宝，在妈妈上班后，又开始醒来吃"夜宵"了，有些宝宝变本加厉地频繁吃夜奶，成了最磨娘的熊孩子。

其实孩子是有他的小心思的，他这样做多半是因为妈妈白天离开或低质量陪伴而"心有不满"，夜里好不容易能完全"霸占"妈妈，就会在浅睡的阶段频繁醒来，想要跟妈妈好好亲热一番。而与妈妈最熟悉也最温暖的相处，就是扎进妈妈怀里"大快朵颐"一番，这简直是精神、物质双丰收！可是吃夜奶这事开始很容易，要停下来就困难了，虽然最初主要是情感需求，但随后就会附加上消化系统的"工作惯性"，再要戒断就需要同时剪断身、心两个方面的纽带。

而吃夜奶引起的更大的麻烦，是它会干扰到孩子夜间的睡眠，进而影响到他们体力和精力的恢复，若加上妈妈试图断奶这样的"背弃"行为的刺激，那么孩子白天就会更烦躁，也更爱耍脾气。妈妈也会因为休息不好，白天无法精力充沛地跟孩子游戏互动，这样就陷入了恶性循环。

陷入这样的窘境时，单单在断夜奶这件事上发力，往往难以顺利打开症结，我们需要想办法跳出这个"泥潭"。从亲子游戏和运动锻炼入手就是非常有效的办法，一方面，可以让孩子充分享受快乐的亲子时光，不再把精力放在夜里寻求补偿上；另一方面，在白天消耗和释放不断增长的体力和心理能量，到了晚上孩子自然就需要休息和养精蓄锐了。

如此积极的循环，不仅有助于培养孩子良好的饮食和睡眠习惯，更有利于他舒缓情绪，不再通过耍赖来宣泄负能量，而改用更高级的形式满足情感需求。

04 2岁爱吃手，新状况层出不穷

小石榴的夜间睡眠状况逐渐好转了，妈妈的精神状态也改善了很多。因为母乳已经不丰足，而且小石榴也已经能够接受奶粉了，于是妈妈想要断了母乳。

有了之前的经验教训，妈妈在断母乳这件事情上也认真做了功课，准备用温和的方式帮小石榴断奶。

她先给小石榴讲了一个奶精灵的故事：每一个小宝宝出生的时候，都会有一个奶精灵陪伴他，奶精灵就住在妈妈的乳头上。在宝宝饿了想要吃奶的时候，奶精灵就会给他奶。而随着宝宝一天一天长大，到两岁的时候，宝宝可以吃各种各样的美食了，奶精灵就要和宝宝告别了，她需要去帮助其他的小宝宝了。现在小石榴已经能吃一碗面条、一整片面包了，已经是一个大宝宝了，是时候和奶精灵说再见了。

妈妈还拿出日历，用心地在小石榴两岁生日那天贴上一张贴纸，告诉他，在那一天奶精灵就要和他告别了。

讲过这个故事之后，小石榴每天吃奶之前，都要和奶精灵对话，问一问奶精灵还在不在。到小石榴两岁生日的那一天早上，妈妈拿出日历，让他看上面的贴纸，告诉他，今天是奶精灵最后一次"值班"，再吃最后一次奶，奶精灵就要走了。这一次小石榴非常温柔地吸吮，然后和奶精灵喃喃告别。从那之后每当他想吃奶时，妈妈就会问他："你不是已经和奶精灵说过再见了吗？"他听后若有所思，不再过多争辩。

就这样，小石榴在两周岁的时候，终于成功地断了母乳。

妈妈正因此而有点沾沾自喜，却发现小石榴入睡的时候总是含着手指。因为担心会使奶精灵那个段子前功尽弃，妈妈没敢强行制止。可是慢慢地，小石榴白天无聊的时候也开始吃手，后来更是严重到时时刻刻都有可能把手放到嘴里，手指头的皮肤都被口水泡坏了。

真是按下葫芦浮起瓢，妈妈想了很多办法纠正他的吃手行为：把手指用创可贴包起来、在手指上抹苦瓜汁、威胁恫吓——再吃手指就坏了，要去医院了……

但是什么方法都用过了，小石榴吃手的状况不但没有改善，还越发严重了。而且如果妈妈盯着他不让吃手，他就开始咬被子角、咬妈妈的衣服……

孩子吃手的行为在不同的年龄段具有截然不同的含义，简单地说，半岁之内吃手是在进行能力锻炼，是好事；半岁到一岁之间吃手也不算异常，但如果宝宝吃手严重，可能提示他的精细动作发展得不够好，需要家长帮忙多多练习；一岁以后经常吃手，则提示宝宝在进行自我安慰，指妈妈对孩子的情感呵护有所欠缺，需要改善亲子关系；到了2岁以后还吃手，很可能是之前问题没能及时解决，遗留下来发展成坏习惯了，这里也多半有情感需求未得到满足的问题，家长应该认真反省并积极干预。

孩子已经长大一些了却突然开始吃手，往往说明他遇到了比较强烈的情绪压力，比如生病时没能得到及时的护理、抚慰或生活环境发生重大变化（如主要抚养人更换）……孩子感受到这样那样的压力，就会通过吃手来排解。

对于孩子吃手的行为，讲道理或者恐吓孩子是绝对没有用的，用涂抹黄连、辣椒等"恶治"的办法更会让问题雪上加霜。这些做法不仅解决不了问题，还会增加宝宝的心理压力，使他更难改掉这个不良习惯，即使有些时候表面上看起来好像改善了，但压力有可能跑到其他地方寻找出口，因此宝宝常常出现另外的甚至更加严重的问题。

无论如何，但凡孩子遭遇心理情绪方面的压力，家长都需要及时和细心地查找原因，通过关爱和支持来减轻孩子的压抑感受，再辅以游戏互动的行为"疗法"，只有这样，才能真正解决问题。不然，问题逐渐积累沉淀，就好比是在"种苦果"，待这个负能量的种子萌发出来，家长所能见到的，就是熊孩子各种恼人的耍赖表现。

05 各种倒退表现，令人着急担心

　　成长之路总是充满坎坷的，又是一年夏去秋来时，换季的气温不稳定，导致小石榴感冒了。因为他生病，情绪不好，妈妈便比平时更加娇惯他一些。小石榴本来已经可以使用勺子自己吃饭了，但在生病期间，为了让他多吃点，妈妈又开始给他喂起饭来了。而平时不让吃的零食，在生病时妈妈也通通网开一面；只能看一集动画片的规定，在生病时也自动作废了；出门也不用自己走路了……

　　没过多久，小石榴就痊愈了，可妈妈却发现了一系列的"生病后遗症"，原本已经能独立吃饭的小石榴说什么也不肯自己吃了，非要妈妈喂不可。除了要妈妈喂饭，小石榴出门也居然成了问题，经常走不了几步，就说自己累了，要求妈妈抱着或者背着，如果妈妈不满足自己，便立刻两腿一软，瘫坐到地上，任凭妈妈怎么拉都不起来，直到妈妈妥协。

　　有的时候，妈妈也会狠下心跟他"对峙"，但小石榴看自己的招数久久不能奏效，要赖立刻升级，不是顺势躺到地上撒泼打滚，就是又哭又闹，甚至对妈妈连扯带打，妈妈顾及卫生的问题和旁人的目光，每每以妥协结束，也常常弄得一肚子气而无处发泄。

　　孩子的行为能力出现波动甚至"倒退"的情况，在幼儿成长过程中并不少见，比如原本已经能独立如厕的宝宝，突然又开始尿裤子了；已经能独立进食的宝宝，突然又撒娇或闹着要妈妈喂饭了……很多妈妈对宝宝的这种表现很不理解，认为宝宝是在故意和大人作对，直接的反应就是严厉批评，期望通过"威逼"令宝宝立即改正，殊不知很多时候越是严厉批评，孩子的表现越差，问题也越难以解决。

　　孩子能力波动和行为倒退，常见于以下几种情况。第一，宝宝刚刚学得新本领，还不够熟练，心情和状态好的时候很喜欢积极练习，遇到困难或者状态不佳的时候就难再努力了。比如学习穿衣服、穿鞋子、洗脸刷牙，宝宝做不好或者不想做的时候，会希望大人来帮忙，假如没有得到帮助甚至遭到批评，他就会感到委屈："自己进步了、努力了，咋还不如以前什么都不做呢？"于是他既想逃避困难，又想重温家长的呵护，便会以哭泣、吃手、咬指甲等自我怜爱的方式来寻求慰藉，或者通过耍闹、发脾气向家长表达不满和变相求助。

　　第二，宝宝在疲累、受挫或不舒服的时候，希望身心两方面得到特别照护。他们会留恋更小的时候得到的温情，于是会装得更幼稚一点，好让父母心疼自己或者降低对自己的要求，给自己多一点帮助。若是这样"软的方法"不灵，孩子就会增加一层挫败感，无奈之下只好粗放地通过哭闹来表达和发泄。

　　第三，各种原因导致消极情绪来袭，比如吃饭时老是弄洒汤饭，还要挨批；尿了裤子既害羞又担心受罚。紧张、害怕、失落、伤心的情绪会使孩子感到有很大的压力，孩子便把自己"缩起来"，试图逃避那些让自己感受不好的东西，同时也期盼着家人出手"搭救"自己。

　　第四，常常跟特殊环境或特定刺激有关。比如刚入幼儿园时担心爸爸妈妈弃自己于不顾，看到妈妈去搂抱或者夸奖别的小弟弟小妹妹而心生妒忌，有陌生人或者老师要求自己做些有挑战的事情等。这些时候，孩子容易出现行为退缩。

面对孩子的所谓倒退表现，家长首先要给予宽容和理解，不要简单斥责批评。家长要根据当时的具体情况，试着预判孩子是不是可以立即改善行为，如果觉得可以，就一边提供简单支持一边提出明确要求；如果孩子闹得比较凶、状态很差，那么偶尔放他一马待下次再要求也未尝不可。

关键是家长不能犯两种错误：一是刚开始严格要求，等跟孩子争执半天而无果之后又随意妥协；二是连续地放松要求，把一次的淡化处理搞成了无原则的放任。

06 2岁半分离焦虑，妈妈上厕所都要跟着

小石榴两岁半的时候，妈妈因为患阑尾炎，不得不去医院做手术。本来这并不是一件太大的事，但是因为有小石榴，生病住院成了一件全家人严阵以待的麻烦事。

原来小石榴一直都由妈妈哄睡，小宝宝时期是奶睡，后来断了奶，小石榴习惯搂着妈妈的胳膊睡。现在妈妈要住院，晚上不能回家，小石榴要怎么睡呢？

手术肯定不能不做，于是爸爸妈妈只好给小石榴做工作，直截了当地告诉他妈妈生病了，需要在医院住几天，这几天得和爸爸一起睡。小石榴竟然显得相当通情达理，同意特殊时期晚上跟着爸爸乖乖睡觉。

在妈妈住院期间，小石榴除了因为思念妈妈而睡得不太安稳，其他方面还算一切顺利。

待到妈妈终于出院回家，小石榴却开始"一秒不落"地赖在妈妈身边。吃饭要妈妈喂，故事要妈妈讲，即使妈妈上厕所、洗澡，他都要跟着才行。而且这些"纠缠"妈妈的表现一天一天地愈演愈烈，甚至在妈妈换衣服时，他也必须拉着妈妈的衣角，一眼看不到妈妈就要哭，听见关门的声音也会立刻喊妈

妈，生怕妈妈偷偷溜出门。

绝大多数妈妈都会"遭遇"宝宝的分离焦虑，只是早一点或晚一点、轻一点或重一点的差别。分离焦虑与亲子依恋就像一对孪生姐妹，或者说是一枚硬币的正反两面，本质上是孩子心理情感发展的外在表现。

孩子相对稚嫩，必须依靠家长的照顾才能获得生存所需，遇到各种困难、风险时更离不开家长的贴身保护。小宝宝会用喊叫或者哭闹招呼家长来到身边，若看不到也叫不来家长，他们就会陷入可怕的危机感之中，心里就会产生恐惧和焦虑。

随着孩子活动能力的不断提高，他们探索环境的范围也不断扩大，逐渐开始尝试短时间离开家长，但仍会时不时地通过看或者听来保持跟家长的密切联络，一旦发现家长远离了自己，便会顿生紧张和惊恐。我们常常看到这样的情景：小孩子在沙坑或者草地上玩得忘乎所以，但猛然想起了家长，四处张望又见不到人的时候，他们就会立即放下手中的游戏，哭叫着去寻找家长，因为他们知道什么更加重要。

长大一些后，孩子便准备开始独自闯荡世界了，他们似乎明白父母不可能时刻守在自己身边，自己也愿意离开父母独自"飞"一下试试。敢于独自探索闯荡的前提是系好"心理安全绳"，也就是稳定的亲子依恋关系。孩子需要确信：无论自己走到哪里，无论遇到什么困难或者坎坷，爸爸妈妈都在某个地方实时地关照着自己，如果真的需要，爸爸妈妈就会飞速来到自己的身边。这种心理和情感的纽带，代表着关爱和信任，必须经得起任何考验，十分牢靠才行。

分离焦虑是一种具有重要功能的紧张情绪，它会让孩子主动去建立跟家人之间的连接，在亲子安全依恋关系稳定建立之前，分离焦虑就像胶水一样，涂抹在"心理安全绳"的薄弱之处，试图把它粘牢。亲子依恋关系越稳固，孩子的分离焦虑才会越轻淡。分离焦虑的反应过于强烈或者完全不在意亲子分离的情况，都需要家长格外重视，并积极调整改善。

越是早期经历过亲子分离的孩子，越是亲身感受过强烈的分离焦虑，就越会紧张和担心，他们会想方设法黏着妈妈不放，因为妈妈绝对是建立稳固依恋关系的不二人选。

因此，分离焦虑本身并不可怕，但若孩子的分离焦虑过久、反应过重，则家长必须及时给予帮助防止问题恶化。要解决它不是仅仅安抚孩子的焦虑表现就可以，更重要的是妈妈要通过稳定的交流、积极的关爱和良好的互动，跟孩子建立起稳定的情感纽带和可靠的心理互信。

07 3岁上幼儿园哭成"鬼"，花样百出搞事情

有苗不愁长，一转眼小石榴已经三岁，到了上幼儿园的年龄。他虽然还有点黏妈妈，但是已经不像从前那么严重了。经过多方考察，妈妈最后为他选择了一家各方面条件都比较好的幼儿园。

正式入园前，妈妈先陪着小石榴一起上了一个月的亲子班。亲子班是指正式入园前，先由家长每日陪伴孩子一起到幼儿园活动半天，让孩子逐渐熟悉幼儿园的环境、作息和老师之后，再过渡到孩子独自上幼儿园。妈妈觉得这个设计非常好，自然也不像那些把孩子从家里直接"丢"到幼儿园的家长一般提心吊胆。

在亲子班上，小石榴表现还不错，每天高高兴兴地去，在班上能跟其他小朋友一起游戏，和老师互动时也没有明显退缩，妈妈甚是欣慰。

一个月后，小石榴开始独自上幼儿园了。虽然事先妈妈和他讲过很多次：从这一天开始，妈妈就只送你到门口，你要自己跟着老师进入幼儿园教室，然后和其他小朋友在一起玩一天，晚上妈妈再来接。小石榴从来答应得都非常痛快。然而真的到了独自入园这天，小石榴却一反常态，死死地拽着妈妈大哭起来。

妈妈竭力控制自己的情绪，故作轻松地说："妈妈下午来接你，不见不

散哦！"随后看着老师像老鹰捉小鸡一样，抓住挣扎着往外奔的小石榴，忍痛转身离开了。

孩子第一天上幼儿园，妈妈的心里也像长了草，时不时通过网络视频远程察看小石榴在幼儿园的情况。妈妈发现，孩子一整天都情绪低落。老师不时过来安抚他，和他说话，给他拿来玩具，带着他跟小朋友玩。但是小石榴的表现远不如在亲子班的时候，虽然他并不是班里表现最激烈的，但还是远没有妈妈预期的那样好。

幼儿园放学的时候，小石榴一见到妈妈就放声大哭，好像要把一天的委屈都哭出来一样。老师安慰妈妈说，刚开始几天反应明显是正常的，不用太担心，只要坚持，过些天就会好起来。

然而一个月过去了，小石榴仍然不愿意去幼儿园，在幼儿园也不愿意和小伙伴玩耍，跟老师交流互动也显得相当被动。而更让妈妈着急的是，小石榴竟然又开始尿裤子了，有一天甚至连着尿湿了两条。他每天睡前和早上都说"不要上幼儿园"，还经常说自己肚子不舒服，弄得妈妈既有怀疑又挺担心，不得已暂时停送两天，可在家观察发现小石榴没表现出任何不舒服，妈妈心想自己不能再心软了，于是赶紧恢复送园。

从那以后，几乎每天早上家里都要上演一出"妈妈大战熊孩子"的戏码——叫起床时，小石榴怎么也不肯起来，翻来覆去赖在床上，妈妈需要动手连拉带拽；穿衣服时，小石榴挑三拣四找毛病，不穿这个不要那个，连哄带骗加上威逼利诱需要斗争好半天；好不容易洗漱完毕，他又说肚子疼要便便，可常常蹲半天马桶也没动静；终于坚持到出门了，他一会儿说自己腿疼，一会儿要回去带个玩具……最后在幼儿园门口还得一遍遍重复上演"撕心裂肺，骨肉分离"的桥段。

妈妈真是既头痛又恼火，支撑自己一直坚持的理由，就是老师每天都说：妈妈走后，小石榴就像变脸一样立即停止哭闹，白天吃睡玩各种表现都很正常。妈妈在日历上做下标记，倒要看看小石榴闹到哪一天。

离开熟悉的家庭环境到陌生的幼儿园，孩子会遇到相当大的现实挑战和心理压力。在家里自由自在、众星捧月，对每天的生活、游戏、活动轻车熟路。而到了幼儿园，孩子从月亮变成了星星，不再是众人关注的焦点，生活、游戏、活动会有这样那样的规矩和要求，老师比不上家长那样熟悉和顺从自己，伙伴之间时不时还会发生矛盾冲突。突然来到这样堪比"异国他乡"的环境中，亲人却不见了踪影，孩子的内心免不了有一种"被抛弃"的感觉。

有些孩子不断变换花样进行抗拒，希望家长能够就范而"改弦更张"；有些孩子委屈哭泣、行为退缩，甚至出现类似生病的身心症状，希望父母能够怜爱自己回心转意；有些孩子只会默默地承受，他们不敢抗争或者知道哭闹也没有用，只能寄希望于慢慢习惯，用时间来为自己疗伤；还有些孩子会出现各种攻击和破坏行为，他们要发泄不满和愤怒情绪……每个孩子具体感受到的压力和困难有多大，会用什么方式做出反应以及反应到什么程度，归根结底取决于四个因素：心理基础、能力水平、交往经验、生活习惯。任何方面的不足或者明显反差，都会影响到孩子的具体表现和内心感受。

经过一段时间的过渡，孩子会分别进入积极适应、消极适应、持续不适应三种状态。通常经过 2 ~ 4 周，或长至 8 周左右的时间，如果孩子能够吃得好，睡得香，放松和积极地参与到幼儿园各项游戏活动当中，就说明他做到了积极适应；假如孩子只是勉强参与幼儿园各种活动，不同程度地表现出消极或者退缩，但是并不大哭大闹或制造事端，很可能就是消极适应的状态；如果孩子不断地哭闹，跟伙伴经常发生激烈的冲突，行为上出现严重的退缩，或者表现起起落落、时好时坏，往往就是持续不适应的状态。

能否顺利地积极适应幼儿园生活，是孩子重要的成长转折点之一。不同的感受和经验会对孩子的身心智发展产生重要影响，尤其是心理和行为方面。幼儿园和家庭之间的巨大反差，就好比两块大陆之间的一个裂谷，孩子的综合实力则是连通两者的桥梁，桥有多宽、能承多重，具有明显的个体差异。亲子班或者能从一定程度上缩小家庭和幼儿园之间的"鸿沟"，但这个形式只是表面上的，最关键的是亲子班的具体安排和活动特征是否恰当。

小石榴妈妈以为上过亲子班就万事大吉的想法显然过于乐观了。孩子在亲人的陪伴之下到幼儿园活动半天，主要的作用是熟悉环境，而独自面对幼儿园生活的挑战时，孩子的心理基础、能力水平、交往经验和生活习惯仍然是关键所在。每一位希望孩子能够积极适应幼儿园生活并成功实现转折的家长，都需要提前扎扎实实地做出努力才行。

08 4岁以后，说翻脸就翻脸

一转眼小石榴就四岁了，回想入园波折已如过眼云烟，他早已适应了幼儿园的生活，这让妈妈觉得自己当初真是过分焦虑了，孩子总会长大的。但是成长之路总是一波刚平一波又起，小石榴出现了新的问题——情绪起伏不定，动不动就翻脸。

妈妈做好晚饭时，他正玩得起劲，妈妈叫了好几遍，他才勉强过来。看到桌上盛好的米饭，他就不高兴了，大声嚷嚷："不要吃米饭，我要吃饺子！都说了要吃饺子，怎么是米饭，我不要吃米饭！"

妈妈忍着怒气说："我知道你说要吃饺子，今天时间来不及了，你今天好好吃米饭，妈妈明天给你包饺子啊。"

小石榴当然不买账，生气地把勺子往地上一摔，嘴里还喊着："骗人！我要吃饺子！不要吃米饭！"

最近这种事情接连发生，妈妈忍着怒火，内心纠结，今天是该饿他一顿呢？还是再迁就孩子一回呢？

到了睡前读绘本的时间，看到绘本中的葡萄，小石榴心血来潮，放下书开始缠着妈妈要吃葡萄。妈妈先对他说睡前不能吃甜食，见拗不过他只好又说家里没有葡萄，只有桃子和苹果。这一说更麻烦了，小石榴不依不饶，坚持要吃葡萄……这哪里是要葡萄，分明是找碴儿耍赖嘛！妈妈最后也被惹急了，甩开手不再理他，小石榴又哭又闹折腾老半天才哑着嗓子睡着了。

到了周末出门的时候，战况通常更激烈。有一天爸爸妈妈带他去玩具店买积木，小石榴想要的那一套刚好没货了，爸爸便说先选另一套或者下次再来买。在小石榴眼里，爸爸多少还是有点严厉的，所以他当下没有直接发作，但坚决不做选择，开始故意把货架上的玩具扒拉到地上，害得爸爸妈妈不停地整理玩具，还得一个劲儿地向服务员道歉。最后爸爸生气了，直接把他拽出了玩具店。

爸爸这一急不要紧，小石榴的"暴脾气"也被点燃了，顺势躺在地上，既不大哭也不大闹，但就是不起来……妈妈见围观的人渐多，急忙许诺马上去买小石榴最喜欢的冰激凌，才算暂时解了围。

孩子的情绪就像山区的天气，阴晴转换非常快。两岁左右，随着自我意识和能力的发展，很多孩子都有"反抗"表现。所谓第一反抗期的"叛逆"其实比较简单，孩子只是要证明自己是独立的个体，跟家长作对本身就能让他们满足。可三四岁之后的情况就更加复杂了，在孩子执拗、捣蛋的背后，常常隐藏着复杂的心理诉求。

类似小石榴的翻脸表现，表面上是要食物、要玩具，实际上是要关爱、要忠诚，他希望无论自己怎么折腾，妈妈、爸爸都不会翻脸，都会坚定地对自己好，这实质上是依恋关系发展末期的表现，也常常出现在依恋关系发展遇到挫折的孩子身上。

父母不肯依着自己的意愿行事，会让孩子感到担忧和挫败，遗憾的是孩子处理矛盾的办法不成熟，经验还不足，惹出了麻烦却不大善于收场。此时，假如父母没有认真体察孩子真正的心理需求，事情就会变得很棘手，处理得过激还可能进一步造成孩子的其他心理行为问题。

我曾经专门讲过一个主题——孩子恼人的表现背后常常隐藏着可贵的品质。当孩子玩命耍赖的时候，家长的第一反应就是让孩子立即停止，如果孩子无法停止，甚至变本加厉折腾捣乱，家长就容易陷入情绪的陷阱，忘掉支持引导和管教孩子的初衷。

请大家想一想，孩子为了实现重要的目标，冒着被家长批评、训斥甚至打骂的风险，不惜耗费体力和心力折腾，"不屈不挠、锲而不舍"，这本质上不就是不怕困难、不惧挫折、坚持努力、争取胜利的精神吗？

所以，越是恼火的时候，家长越需要冷静，首先要接纳孩子的情绪，不要被孩子的情绪左右，然后要努力找出背后的原因和诉求。很多时候父母稳定和冷静的态度本身，就是解决问题的关键前提，而且家长真的能够做到稳定和冷静，就容易找到具体的方式方法。

09 5岁以后各种"作（zuō）"，小朋友、老师频告状

跌跌撞撞陪着孩子走了过来，如今他已经是5岁的"大"小孩了。他懂事的时候很通情达理，但是一旦耍起赖来，花样变化多端，常常弄得妈妈难以招架。

有一次因为生病，小石榴很不舒服，情绪明显很烦躁。妈妈觉得在这种特殊情况下，应该多呵护照顾他一点，想着他尽快好起来比什么都强。

小石榴没胃口不想吃饭，妈妈担心他营养不够，于是针对平时严格限制的零食如水果罐头、巧克力、草莓派、果冻等，一下全都为他开了"绿灯"；小石榴想要看电视、玩iPad，妈妈也取消了平时严格的时间限制。但在放任孩子的同时，妈妈总不忘叨叨："现在生病不舒服可以用这个调剂一下，等病好了就不能玩多了哈。"一次小病，让小石榴的好习惯——瓦解了。

从小到大，每次生病都会引发小石榴的一系列问题，现在他已经五岁了，情况却依然是这样的。病好之后，不给吃零食他就闹情绪，翻箱倒柜搞破坏，挨批评的时候就辩解说自己要找东西，妈妈明知道小石榴是故意发泄不满，却又很难跟他讲清道理，实在急了的时候也打过两次，可惜完全于事无补。看电视、玩iPad就更不用讲了，任凭怎样晓之以理也不行，小石榴要么不搭理她，

要么就撒泼尖叫，最后升级到爸爸下定决心没收了 iPad，把电视掉个头使屏幕冲着墙，全家人从此都不再看才完事。

尽管家里的管束和限制越来越严，小石榴仍然时不时要闹上一场，最后全家人达成共识，只要他折腾，大家就一个字——"忍"，冷处理他的各种"作"。

哪承想小石榴在家里释放不够，就把"战场"扩大到了幼儿园。在幼儿园，他不想午睡，就一会要上厕所，一会要喝水，折腾得其他小朋友都没法好好休息。有一次，同班的一个小朋友带了一本图画书正在看，小石榴非要先借过来，那个小朋友不给，他竟然暴跳如雷一把抢过书扔到地上，还踩了几脚，被老师严厉批评时，还谎称"是书掉在地上，自己不小心踩到的"。

在兴趣小组的轮滑课上，教练示范了正确的滑行方法，然后就让小朋友分组练习。小石榴撒了欢地故意捣乱，把同学的轮滑鞋藏起来，解开了人家的鞋带儿，滑行时还故意去撞别的小朋友，看到有小朋友要超过他时，竟然伸腿把人家绊倒。小石榴成了班里的"捣蛋鬼"，时不时就有小朋友告他的状，隔三岔五就会弄伤同学，老师也不断找家长，要求严加管教。

行为习惯的养成不是一朝一夕之功，很多家长会把好习惯和"坏行为"彻底对立起来，事实上行为本身往往并非好坏分明，看电视、玩电子游戏不应该被贴上好或坏的标签，攻击别人的行为，也要视情况而定。如果是欺负小朋友，那自然不好，但若是施以援手反击坏人，那就是见义勇为。任何行为本身都有合理性，但行为需要与环境和场景相协调，这需要孩子不断丰富和总结经验，也需要不断提高认知能力。

对行为进行控制不是一件容易的事，不少父母常常有控制不住打孩子的时候，尽管他们总会给自己找些冠冕堂皇的理由，但实质上只有两种可能：一是控制不住自己，二是缺少更好的办法。

与此相似，孩子当然也有控制不好自己行为的时候。但若是他们的行为导致了坏的结果，无论是自己遭受了损失，还是引起了他人的不满，他们心里都知道要进行控制和调整，只是这需要一个过程，更需要家长的提醒和帮忙。

还有些时候，孩子明明知道自己的做法有问题，但仍然要故意为之，这背后的动机需要家长好好思考。跟家长闹，实际上说明孩子心中对父母仍然抱有希望，或是他们期望引起父母的关注和重视，或是希望为自己赢得机会。孩子是相信父母有可能"倒向"自己这边，才会这般"努力"的，假如他们知道无论怎样折腾都不会有结果，自然就会调整自己的做法。只是孩子内心合理的需求如果没有任何办法来满足，甚至连希望都破灭了，那么孩子的心不仅会失落，甚至会有被撕裂的感觉。

在家人面前找不到机会和突破口，转移到伙伴的身上去发泄，是一个需要警惕的危险信号，它说明孩子感到希望渺茫，内心的压抑和挫折感在不断膨胀，需要找个出口发泄一下。这样的情况多了，类似的行为不断反复，将来就可能真的成为一个具有攻击性、破坏性甚至反社会的人，这需要家长格外警惕。

孩子无论使用哪种具体的方式耍赖，在家长看来都是不好的行为，而对孩子来说则都是没有办法的办法。如果有更轻松、更好的解决问题的办法，谁也犯不着既难为自己，又不招他人待见啊。所以，父母更好的做法，一定是帮助孩子寻找解决问题的出路，而不是跟孩子的行为反复纠缠。

我们在找到解决问题的具体办法之前，应该先了解心理学是怎样认识熊孩子耍赖的心理根源的。

第二章

心理学实验揭秘耍赖行为的根源

　　孩子虽然会耍赖、发脾气，但他们肯定不会以此为乐。耍赖行为通常费力不讨好，可孩子却难以控制地不断上演，这背后究竟是什么在驱使着他们？耍赖、发脾气的根源究竟在哪里呢？下面让我们跟随心理学家的实验和研究，进入孩子的内心世界一探究竟。

01 哈洛有关"爱"的系列实验

提到心理学家哈里·哈洛（Harry F. Harlow），很多家长可能并不熟悉，他当选过美国心理学会主席，还获得过杰出科学贡献奖，是一位享誉世界的心理学家。哈洛用恒河猴做了一系列关于"爱"的实验，对当代的育儿理论产生了极大的影响，很多保育院、社会服务机构都依据哈洛的发现或多或少地调整了自己的策略和做法，他的发现"对人类育儿具有奠基作用"。

哈洛本人有点古怪的性格，再加上他在实验当中那些"冷漠"的设计，或许妨碍了他赢得更多人的喜爱，但我们必须感谢哈洛，因为他的研究和发现让我们明白：幼小的生命有多么渴望爱和关怀。

那个时代的很多儿科专家和育儿专家，都在告诫父母不要溺爱宝宝，要按照规定的时间喂奶，要关上灯离开并让宝宝自己入睡，不要总是去抱哭泣的宝宝……而哈洛用恒河猴进行的实验研究，给这些陈旧的育儿观念当头一棒——父母必须毫不犹豫地给孩子温暖和关爱；缺少安全感和被爱的体验，是众多心理行为问题产生的根源。

"代理母亲"实验

通常人们认为，孩子之所以喜爱妈妈，是因为妈妈用奶水哺育了孩子。婴儿看到妈妈丰满的胸膛、深色的乳晕和突出的乳头，一定会出于本能而攀附到妈妈身上美美地吸吮，这一切都是为了满足基本的生理欲望，然而事实真的如此吗？

哈洛在最初的实验中把刚出生不久的猴宝宝进行隔离养育，不让猴宝宝接触母亲和同伴。实验中他分别在笼子里放入毛巾、塑料奶瓶，过一段时间再拿走。结果发现孤单的猴宝宝非常喜欢那块毛巾，不仅经常躺在上面，还用细瘦的小手紧紧抓着。当实验人员把毛巾取走的时候，猴宝宝暴跳如雷、大发脾气；相反，猴宝宝虽然用塑料奶瓶喝奶，可当实验人员将其拿走的时候，猴宝宝只是舔舔嘴唇，并没有明显的反抗行为。莫非对猴宝宝来说，毛巾比奶瓶更加重要？

随后，哈洛升级了实验，他制作了两个母猴的模型，其中一个用柔软的绒布包裹起来，绒布看起来很像母猴的皮肤，另一个则裸露着用铁丝做成的骨架但胸前拴着一个奶瓶，奶瓶就好比母猴的乳房。这两个"代理母亲"，一个提供柔软温暖的怀抱，一个提供香甜的奶水。哈洛把两个"代理母亲"放进装有猴宝宝的笼子里，观察年幼的猴宝宝会有什么反应。

最初，猴宝宝明显感到焦躁和恐惧，不停地叫喊。几天之后，真正的猴妈妈一直没有出现，猴宝宝便把感情转移到"代理母亲"身上。它爬到"绒布母猴"身上，趴在它的胸前或在它腹部、背部磨来蹭去好几个小时，还用细瘦的小手抚摸它的脸，用嘴轻咬它的身体。猴宝宝感到肚子饿了，就会从"绒布母猴"身上跳下来，冲到"哺乳母猴"那里饱餐一顿，吃饱后又回到"绒布母

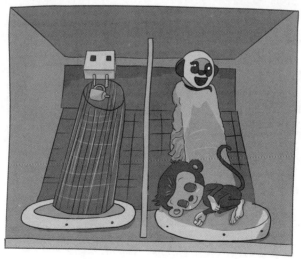

一边是小猴看着铁架猴不愿意过去，另一边是小猴依偎在毛绒猴身上

猴"的怀抱。

经过统计猴宝宝在吃奶和拥抱上分别花费的时间，哈洛得到了前所未有的发现——猴宝宝身体接触的需要远远超过吸奶的生理需求！原来"有奶就是娘""应该理性地养育孩子"等——通通都是骗人的"鬼话"。婴儿通过身体接触获得心理满足，比起填饱肚子来得更加重要，哈洛不禁感叹"只有奶水，婴儿绝对活不久"。

孩子的生存和发展绝对不仅仅是吃饱、吃好那么简单，心理安全和被爱的感受同样重要，甚至更加重要。多年前日本专家的研究报告表明：同样是母乳喂养，如果妈妈在喂奶的时候左顾右盼、心不在焉，她们的孩子长大之后就会出现很多行为问题；如果妈妈在喂奶时温柔地注视孩子并跟他们细语，那么这样的孩子长大之后的心理行为问题比起对照组的伙伴会明显减少。

爱始于身体接触、源于心理感受，而不是食物带来的基本生理满足，依偎在妈妈怀里，接受温柔的抚摸，孩子会感到舒适、温暖和安心。如果父母忽略了孩子的心理和情感需要，只是给予吃喝拉撒等日常事务性照顾，或者只想着让孩子多学知识、多练才能，孩子在情感需求得不到满足的情况之下，或许只能通过耍赖、发脾气来试图博取父母的关爱，久而久之便"练就"了一套耍赖的本领。

每一个人都有身体感觉和心理感受，它们既是相对独立的，也是相互关联、相互交织的，小孩子也不例外。及时获得食物消除饥饿感，主要是机体的感觉，而获得食物的过程和方式则带来更多心理方面的感受。假若母亲冰冷得只像一个产奶的机器，孩子虽然可以吃饱，但完全感受不到温暖和爱；相反，即便母亲没有奶水亲喂孩子，但温情的关注和温柔的抚触仍然能够让孩子感受到温暖和爱。

最初被爱的感受，会在孩子的心里种下爱的记忆，让他们体会到自己是被接纳、被呵护和被喜爱的，并由此而产生积极的情绪和情感。孩子从来都不是被动的小生命，他们懂得主动寻求爱的感受。他们会主动依偎在妈妈身边，会搜寻和迎接妈妈的面容和目光，会"啊啊呜呜"地跟妈妈对话，会张开双臂迎接妈妈的怀抱，这些坚定的小小举动，都是孩子吸收爱的本能冲动。

假如孩子没有获得足够的爱的体验，他们就会尝试用各种方法去努力争取，这其中就包括折腾和耍赖。而且孩子越是担心爱会远离，或者越是感到爱的单薄，他们就会越发强烈地试图博取关爱。"坏行为"背后实际上是对爱和关怀的渴望。

孩子不在乎亲人的美丑，不在意富有或贫穷，他们最需要的是爱的回应。让任何一个孩子在更好的美食、更多的玩具、更大的房子、更美的面容、自己的妈妈之中做出选择，我相信一定不会有第二种答案——母爱比什么都珍贵。

哈洛等人的研究发现给了我们很多有意义的启示，它对改变传统的育儿观产生了积极的影响。父母对孩子的养育不能仅仅停留在喂饱层次，要使孩子健康成长，也一定要为他提供触觉、视觉、听觉等多种感觉通道的积极刺激，特别是让孩子能够感到父母的爱，并能从父母那里得到安全感。黏人或爱耍赖的宝宝有时让人心烦，但是这恰恰说明他具有一种积极的情绪——对亲人的依恋。

依恋指对特定的人产生持久的感情连接，婴幼儿的依恋主要是与亲人尤其是妈妈的一种特殊而持久的感情互动。接触安慰有利于建立良好的依恋关系，这样的感受对孩子的发展有着重要意义。

婴幼儿处于一种无助状态，为了生存，会本能地寻找保护者。依恋可以说是他们天生的行为，为的是唤起注意，使一个依恋对象能留在自己身边，在危险和不安全情况下可以提供保护。婴幼儿喜欢和他们依恋的人接近，这样会使他们感到舒适和愉快；遇到陌生环境和陌生人的时候，依恋对象的存在会使他们感到安全。

依恋关系一旦确立起来，婴幼儿会丢掉后顾之忧，更加自由地去探索周围的新鲜事物，也愿意与别人相互接近，从而对今后的认知发展和社会适应产生良好影响。拥有安全型依恋关系的婴幼儿，能感觉到父母是爱自己的，认为父母是值得相信的，这不仅让婴幼儿找到满足感和享受到愉悦感，更重要的是有助于婴幼儿建立起对他人的信任和自我信任感。

拥有安全型依恋关系的孩子在人际关系中开朗活泼，有自信和自尊，懂得爱别人，没有暴力倾向，善良和宽容，知道自我的边界。他们能正确解读父母教育自己的信息，一般也不会让父母太伤心，即使偶尔经历家长的"小打小骂"，也不会记恨父母。安全型依恋不仅可以促进孩子早期心智的发展，而且会长期支持孩子自信心和对他人信赖的发展，有助于将来建立良好的人际关系，并在日后进一步影响孩子组建自己的家庭、参与社会团体活动以及抚育自己的后代。

依恋主要在后天环境中形成，如果父母能够及时恰当地满足婴幼儿的需要，和他经常交流，给予他各种愉快的刺激，依恋便容易形成和进步。如果父母亲不能很好地照料婴幼儿，不注意与其感情交流，很少为他提供各种刺激，甚至因夫妻失和而使孩子失去安全感，孩子就会出现各种不安全依恋或无依恋。这些孩子不仅在童年时容易出现心理行为问题，成年之后也大多不能正确面对现实或与人建立良好的人际关系。

亲子之间温暖亲密的联系使孩子既得到生理上的满足，更收获了愉快的情感体验，是保障其心理健康发展必不可少的重要基础。具体而言，家长应该注意以下几点：

第一，与喂食相比，身体的舒适接触对依恋的形成起更重要的作用。父母与孩子之间要保持经常的肌肤接触，如抱抱孩子，摸摸孩子的脸、胸、背等，让他们体味"接触带来的安慰感"，对大一些的孩子仍然应该如此。

第二，尽量避免父母与孩子的长期分离。长期分离造成的显性或隐性的"分离焦虑"，对孩子心理的正常发展会产生明显的消极影响。父母应尽量克服困难，亲自担当起抚养、教育孩子的责任。如果不得已跟孩子短暂分离，也应与孩子做好沟通并避免捉摸不定或若即若离的状况。

第三，家长对孩子发出的信号要敏感地做出反应，让孩子感受到自己是被重视、被关爱的；跟孩子互动游戏的时候，父母应该全身心地投入其中，避免人在心不在，让孩子感到冷漠或敷衍。

第四，当孩子情绪波动或行为反常时，父母要自觉主动地探查背后的原因，积极适度地提供帮助，支持孩子逐渐发展乐于探索又善于应对压力挫折的行为能力，以及自信和信人的个性品质。

面具实验

"代理母亲"实验让我们了解到：舒适触觉体验（Contact Comfort）是稳定孩子情绪、建立孩子心理安全感的重要方式。那么婴幼儿会不会选择不同的人，或者换一种说法，是不是任何人接触宝宝都能带给他安心和安慰？

猴宝宝见到不同的面孔会有什么反应呢？这次，哈洛继续请恒河猴"帮忙"，做了面具实验。

哈洛的实验助理正努力制作一副可以假乱真的猴子面具，但没想到面具还未完成，被试的猴宝宝就出生了，哈洛只好让"没有脸面"的"绒布母猴"先陪伴猴宝宝一段时间。"绒布母猴"虽然没有五官，但似乎丝毫没有影响猴宝宝对它的喜爱，猴宝宝不断对其做出亲吻、抚触等亲昵的举动。

后来哈洛给这位无脸的"绒布母猴"戴上有五官的面具，意想不到的事情发生了：猴宝宝见到"绒布母猴"戴上面具之后，表现得相当害怕，不停尖叫并逃到笼子的一角，而且身体剧烈抖动，还紧紧抓着自己裸露在外的生殖器，它完全无法接受陌生的新面孔。

研究人员把戴上面具的"绒布母猴"慢慢移到猴宝宝身边，猴宝宝伸手使劲转动"绒布母猴"的头部，直到把面具转到背面去，才肯上前尝试玩耍。研究人员试着把面具转回来，猴宝宝马上就把面具再拨回去，最后它干脆用力把面具扯掉，使"绒布母猴"恢复原先"没有脸面"的模样。

宝宝来到这个世界上，会本能地与身边最亲近的人建立紧密的连接，这个最初令他们感到安全的对象，无论美丑都是宝宝最期望也最信赖的人，而一旦发现自己必须依靠的人变了一副"嘴脸"，自己渴望依恋的人竟有隐藏的一面，宝宝会感到异常焦虑和惊恐，进而会产生各种行为问题。

试想一下，如果你身边最熟悉的那个人，突然间变成另外一副模样，或者竟然有着另外的背景或身份，你是不是会感到毛骨悚然？这大概要比见到陌生人带来的冲击和威胁更严重百倍千倍，因为这个人潜入了我们最放松、最安全的心底空间。试想一下孩子的感受和反应，父母应该不难明白——稳定如一地面对孩子是多么重要了吧！

"铁娘子"实验

我们不时看到"可怕"的父母伤害孩子的报道，也经常见到父母偶有失控打骂孩子的现象。如果妈妈的态度和行为粗暴冷酷，孩子会如何反应呢？

哈洛别出心裁地设计了"铁娘子"实验。多个堪称"铁娘子"的代理母猴，有的会喷出冰冷的水柱，把猴宝宝浇个透心凉，有的会用尖刺扎伤猴宝宝……每当猴宝宝攀附到这些"铁娘子"的身上，试图亲近的时候，总是遭到无情的伤害。然而不管受到怎样的残酷对待，猴宝宝都不肯放弃，还是拖着踉跄的步伐，毫不迟疑地一次次投入"铁娘子"的怀抱不肯放弃。

曾经在网络上看到过一个视频，有位母亲在街上对自己两岁的女儿连打带骂，之后自顾自地往前走不让孩子跟着她，但那个小女孩还是执着地追上去抱着妈妈的大腿，妈妈竟然一直走着并拖行着孩子，反复打骂……很多网友对这位母亲口诛笔伐。我们不禁要问，遭遇亲人如此无情的伤害，孩子为什么仍然会"黏着"妈妈呢？他们是难以舍弃自己的妈妈吗？还是别无选择？

必须承认，面对现实我们常常不得不逆来顺受，即使生于"虎狼之侧"，在"翅膀长硬"之前也得为了生存而忍耐。另外，可爱又可怜的孩子总是抱有善良而美好的期待，他们宁愿相信亲人的冷酷只是暂时的，哪怕偶尔的一丝温存，也能让孩子努力去维系希望的火苗，渴望着能有机会感受到真正的爱。当然现实的可悲在于，很多孩子因为童年噩梦般的经历，最终失去了对于爱的信任，失去了爱和被爱的能力。

很多家长都喜欢"乖孩子"，甚至想要通过所谓的"严加管教"培养出一个"乖孩子"，当孩子战战兢兢、表现得很听话时，他们便沾沾自喜地说自己的办法多么有效。哈洛的"铁娘子"实验，用冰冷刺骨的事实告诉我们，孩子为了求得亲人不离不弃，哪怕遭受委屈、惩罚甚至伤害，也会执着地努力维系亲子的纽带，亲子之间的反差不免令人唏嘘。

亲人越是冷酷粗暴，孩子越是乖巧顺从，对爱的渴望令他们的内心已经不敢再进行丝毫的抗争；相比较而言，在父母、亲人面前撒泼打滚、玩命耍赖的孩子，其实在心里对家长还抱有相当的信任，至少是相当的期望，而一旦他们发现或者感受到自己真的可能会被责罚、被抛弃，这种信任就会渐渐流逝，转变为表面上的顺从，这背后定是一颗布满伤痕、失去希望的心。

强暴架和绝望之井

哈洛为了进行爱的研究付出了相当大的勇气，他后来设计的强暴架和绝望之井实验，也不断挑战着世人的神经和同情心，因为尺度太大，他饱受了各种指责和非议。

光阴荏苒，最初参加实验的小猴逐渐长大，因为它们曾被强制离开母亲，也缺少正常的猴群交往经验，所以导致它们不会嬉戏，也不会交配。在童年遭遇了剥夺母爱经历的猴子，如果做了母亲会是什么样呢？心理和行为的问题会产生代际传递吗？哈洛决定进行进一步的思考和探究。

于是他继续进行了饱受争议的强暴架实验，强迫长大的母猴怀孕。当年人工授精和动物的辅助生殖技术还不成熟，哈洛逼不得已只能找来一些身强力壮且交配经验丰富的公猴，但是母猴表现狂躁，不仅嘶叫逃跑，还拼命抵抗并抓伤公猴，这可难坏了实验队员，最终大家发明了一副特殊的实验道具——强暴架，将母猴的下身固定在架子上……强暴架虽然残酷但效果明显，最终有二十只母猴成功怀孕并产下小猴。

然而在这二十只做了妈妈的母猴当中，有相当大比例的母猴妈妈对小猴漠不关心，个别的甚至会残忍地杀死小猴，当然也有一些尚能担当养育小猴的职责，但其比例明显低于自然成长环境中孕育生产的母猴。

强暴架实验让大家清楚地看到，从小经历"代理母亲"，被剥夺母爱的猴宝宝长大后，虽然它们的生理功能基本正常，也可以怀孕和生育，但是它们的行为明显表现出种种的异样，心理上也必然存在各种各样的问题。早年的负面成长经历，对猴子幼年产生了影响，并且这种影响一直持续到猴子成年，甚至影响到下一代。

除了强暴架实验，哈洛他们还设计了绝望之井，那是一个上窄下宽呈半圆锥形的筒，就像一个特殊的井，小猴子被吊进去，在黑暗中体验"无助与绝望"。实验发现，开始时小猴子还试图挣扎逃离，但几天之后它大部分时间都畏缩在角落里，45天之后小猴子表现出严重的抑郁状态。更加可悲的是，在被放出绝望之井9个月后，小猴子仍然完全不会正常地东张西望，也无法保持警觉与探索的状态，而是整日抱着胳膊呆坐着，表现出持久的病态行为。

无论是动物，还是孩子，抗争、耍赖的行为虽称不上有多好，但其背后体现的是不甘和怀揣希望，与此相对，既不折腾也不捣蛋的背后，如果不是从容与积极的身心状态，那就有可能是深深的绝望。换言之，折腾耍赖的孩子是有救的，设身处地地去了解他们的需求和问题，恰当有效地提供帮助和引导，恼人的行为就一定可以得到改善；但假如弃耍赖的熊孩子于不顾，甚至施加冷暴力进行身心惩罚，一旦令他们陷入无助与绝望的境地，再想回头挽救，不仅需要付出加倍的努力和代价，而且希望渺茫。

哈洛认为，人类和恒河猴在生长发育阶段有惊人的相似性。他的一系列实验也证明了，对孩子来说，亲人的价值绝不仅仅局限于喂食，爱和母亲的呵护，是非常重要和不可或缺的。

母爱剥夺实验

哈洛之前的研究证实：母亲温柔的怀抱比奶水更加重要，猴宝宝更喜欢趴在具有柔软身躯的"代理母猴"身上玩耍。然而仁者见仁、智者见智，哈洛这个重要的发现，也引起了人们各不相同的解读。

一些人知道了亲密接触是爱的必要元素，于是愈发重视跟孩子做肌肤相亲和身体接触的游戏活动，幼儿园和托管中心也开始转变观念和调整活动方式。几年前，我去美国雪城大学下设的日托中心参访，就看到老师非常注重与宝宝做身体接触，而且也特别乐意抱着中心的宝宝。

但是同样的研究结果，也有人从另外的方向进行了解读：既然妈妈的奶水没有那么重要，请个抚养人多跟孩子进行身体接触不就行了，这样妈妈就可以自由自在地享受工作与生活，亲生母亲似乎也不是必须亲力亲为了。

哈洛后来的母爱剥夺实验，也许会给我们带来更深入的思考。设计这个实验也许并非针对那些不够尽职的母亲，但母爱剥夺实验无论如何还是值得人们反思的，尤其是那些生了孩子之后把孩子丢给别人养育的母亲。

哈洛设计这个实验的目的，是想要看看丧失了正常的生活成长环境对猴宝宝的成长会产生什么样的影响。参加实验的第一组猴宝宝从出生开始就被强制隔离，它们无法接近和接触自己的母亲，也不能跟伙伴接触，猴宝宝只能在笼子里看着其他猴子嬉戏，却无法参与其中。实验发现，被隔离的猴宝宝在笼子中不断重复绕圈，时不时会焦躁地撕扯自己的身体。

参加实验的第二组猴宝宝状况更惨一些，它们不仅被单独关在笼子里，甚至连参观其他伙伴生活和游戏的机会也没有。为了探究不同隔离时间对猴宝宝产生的影响，第二组猴宝宝的隔离剥夺期分别设置为3个月到2年不等。

介绍到这里我不禁联想到动物园，很多家长都把带孩子去动物园当成必不可少的娱乐和"认知学习"项目，孩子们固然可以集中看到各种各样的动物，但遗憾的是他们看到的并非是正常生活的动物朋友，而是被剥夺了自然的生活成长环境的"囚徒"。孩子们对于动物的认识和了解是不是从一开始就产生了扭曲呢？将来他们在认识和思考人与自然及动物的关系时，会不会感到难过或者疑惑呢？

我们已经越来越认识到生态的重要含义，把人类凌驾于其他生命之上是一种愚蠢的做法，我们不仅要让孩子认识自身，还应该让他们了解共生的地球村，学会善待人类的动物朋友。

言归正传，现在我们已经没有可能重复哈洛教授的这些实验，也无须为曾经以科学名义做出的种种不仁之举而过度忏悔。过往已经成为历史，如果我们能够在前人研究和发现的基础上，进行更多的解析和思考，获得更多的启发和认知，大概那些探究新知的科学家，以及为人类做出特殊贡献的动物朋友，也不枉曾经的付出与牺牲。若曾经的付出没有被今天的我们认真对待和反思，那才是真正对生命的不敬吧。

哈洛并没有草草地结束实验，他带领着助手和研究团队，对参加实验的猴子进行了后续的跟踪观察。令人伤感的是，无论是第一组被部分隔离的猴子，还是第二组被完全隔离的猴子，之后都出现了严重的交往与情绪方面的问题。它们与在自然环境中野生长大并享有母爱与拥有同伴的同类相比，出现了明显的病态表现——常常目光呆滞地坐着，在交往方面表现得粗鲁，会习惯性退缩，遇到挑战和压力的时候，也很少能够做出适当的应对。

现实往往比大家想象得更加"骨感"，解除隔离之后，所有的猴子都难以融入猴子群体，它们表现出不同程度的反群体行为，这相当于人类的反社会行为。有些猴子表现出异常的攻击性，可当真正面临挑战和威胁的时候，却只会拍打自己甚至撕咬自己，弄得自己的手臂上到处是溃烂的伤口，甚至有只猴子咬掉了自己的整只手臂；很多母猴不懂得如何跟异性交往，完全不会正常交配，甚至会暴力攻击向自己示爱的公猴；那些长时间被隔离的猴子，更多表现出类似自闭的症状，如严重的情绪不安、害怕退缩、刻板地摇晃身体等。不难推断，早年遭遇的爱之缺失，是造成它们日后心理偏差和行为扭曲最重要的祸根。

哈洛和助手另外还做了一些辅助的实验，他们发现：爱对于小猴的成长是必不可少的因素，而且爱并不是抽象的，它需要通过接触、玩耍和互动体现出来，与样貌或食物的关系不大。母亲是孩子生命中最重要的亲人，母爱的作用是无法替代的。

根据哈洛的一系列实验，我们有足够的理由相信，真实的陪伴、亲密的身体接触和积极充分的亲子互动，一定是孩子健康心理和行为良好发展不可或缺的可贵养分。

02 鲍尔比和爱因斯沃斯关于依恋的研究

家长有没有注意到，孩子如果要耍赖，对象一定是自己亲近和熟悉的人，没有谁会对着陌生人耍赖。其实，即使是成年人，也常常会对自己亲近的人"行为不端"，而对生疏的人"礼遇有加"。为什么亲人的"待遇"反倒不如陌生人？这背后隐藏着什么逻辑呢？

要了解孩子和亲人之间的关系，我们就得来认识一下英国著名心理学家和精神分析学家约翰·鲍尔比（John Bowlby）。

都说孩子的早年成长经历将会影响其一生，眼下就有一个非常有说服力的例子。鲍尔比把母爱剥夺、依恋等作为自己终身研究的方向，跟他自己的成长经历有着密切的关系。鲍尔比出生在伦敦的一个中产家庭，4 岁之前他主要由保姆带。我们只知道他父亲是一名优秀的外科医生而且待人高冷、不易接近，却不了解他的母亲，也查不到准确的资料，不清楚为什么母亲没有陪伴和照护他。鲍尔比自己说，当保姆离开的时候他的感受就像失去了母亲！

从小缺少亲生母亲关爱的鲍尔比，就像当今很多职场强人或者离家"打拼"母亲的孩子一样，只能转而依恋保姆，然而还没等自己长大，亲近的保姆也离开了自己，鲍尔比对于依恋和分离有着刻骨铭心的感受。

后来，命运安排鲍尔比接触到很多失调儿童和不良少年的案例，他特别研究了 44 名少年小偷，结果发现这些孩子都有不同程度的心理问题，而且都跟他们从小缺少母爱有直接关系，这似乎又是命运在引导鲍尔比深入进行与母爱相关的研究。

鲍尔比自小缺少母爱，也正因为刻骨铭心地体验过亲子分离，他才将探究儿童心理作为自己的事业方向，使我们深刻认识到母爱丧失、母爱剥夺会对孩子造成怎样的影响，让更多的家长有机会避免对自己的孩子造成可怕的心理伤害。

前文提到的哈洛的系列研究，对鲍尔比也产生了不小的影响，但哈洛是用猴子在实验室里"真刀真枪"地做实验的，鲍尔比则要直接研究儿童，所以只能通过观察和对案例进行分析。比如他曾经对患病儿童进行跟踪观察，其间还拍摄了纪录片《两岁孩子去医院》，描述的是生病的小孩去医院治疗时，被迫与家人短暂分离的情形。有经验的家长一定知道那是何等的撕心裂肺！对孩子而言，本来生病就很痛苦了，还要被迫跟亲人分离。鲍尔比认为，生病的孩子不应该离开亲人，尤其是母亲。有母亲在身边陪伴和照料，其实更加有利于孩子的康复，而且最重要的是还可以避免治病过程中带来的巨大隐患——造成儿童的心理伤害。

鲍尔比发现，孩子被迫与亲人分离常常会引发孩子的一些极端表现，像是嘶喊、大哭、死死抓住家人不放、疯狂地寻找亲人等。这些所谓的"扮熊耍赖"表现，其实具有生物进化上的意义——孩子强烈抗拒亲子分离的行为，会让他们更多地得到父母的接近和保护。

生命的早期，孩子必须依赖亲人的保护和照顾才能生存成长，假如孩子只能依靠一个成年人，那么这个人一定非母亲莫属，也只有母亲能够给予孩子所需要的一切。因此，与母亲的关系对孩子来说至关重要，建立母子依恋关系失败，或者母子依恋关系发展遭遇障碍，通常都意味着孩子的心理健康将遭受巨大的甚至不可逆的创伤，并会对孩子日后的行为产生一系列的影响。

鲍尔比曾发表著名的《母爱关怀与心理健康》一文，他强调，婴幼儿应该经历一段与母亲温暖、亲切并且连续稳定的关系，并在其中感受到满足和享受。孩子具有连接母亲的本能需要和冲动，孩子与母亲的亲密互动是最重要的人际关系经验，是孩子心理健康的必要基础，也深远影响着孩子日后的人际交往态度、技能和人际关系的发展。

鲍尔比强调：母亲在与孩子的交往中处于相对主动的地位，因而通过支持和干预母亲的心理与行为，可以帮助和促进孩子心理情感的发展，比如引导母亲回溯自己的童年生活，让她们重新体验儿时的成长经历，特别是要感受到自己被充分地接纳和关爱的时刻，这样一来，母亲就会更乐于也更善于在跟自己孩子的相处中产生更多共情，更积极地接纳孩子，更有效地促进亲子关系的发展。

鲍尔比还有三部著作，被统称为"依恋与失落三部曲"，是学习和了解依恋理论的重要文献，分别是《依恋》（Attachment）、《分离：焦虑与愤怒》（Separation: Anxiety and Anger）、《丧失、悲伤和抑郁》（Loss, Sadness and Depression）。当看到这些书名时，你是否能瞬间感受到离开母亲的孩子内心深深的痛楚呢？

婴幼儿有一种本能的内在驱动力，推动着他们去主动亲近母亲，并努力与母亲保持一种特殊而亲密的连接关系，通过寻求和接近依恋对象的行为，婴幼儿可以避免自己独自面对危险。而持续密切联系亲人的各种努力，会帮助孩子和母亲建立起一种特殊和积极的情感纽带——亲子依恋。这种亲密的依恋关系，不仅能使孩子获得必要的照料，还能够带给他们至关重要的心理上的安全感。

如果父母允许和支持孩子自由地探索，并且总是积极地回应孩子的要求，孩子心里就"有底"了，他们能够预测到依恋的对象一定会对自己好，同时感受到自己是有价值的和被关爱的，从而获得温暖和充实的依恋体验。

假如情境与之相反，自己依恋的亲人离开了，或者依恋对象对自己的态度冷淡了，孩子的心里就会产生疑虑和担忧，分离焦虑就会随之出现。假如父母常常离开孩子，或者威胁要抛弃孩子，抑或拒绝孩子亲近依恋的种种努力，就会让孩子出现过度的分离焦虑，随之也会产生抗拒、破坏、耍赖、愤怒等行为。

相反，有些孩子似乎并不很在意妈妈或亲人离开自己，分离焦虑的水平很低，甚至完全不会产生焦虑。他们不会用抗议的方式来应对与父母的分离，表现出很独立和成熟的样子，但这其实是一种我们更需要警惕的特殊的防御状态。表面上孩子不那么焦虑，内心却是对亲人不再抱有希望，不得已才采取我行我素的方式来掩盖彻底的失望。

现在我们知道，孩子早年的生活成长经历，很多方面似乎是在为日后进行预演和彩排，依恋关系发展的过程和经验，深刻影响着孩子对于情感的认知以及处理情感的方式。很多成年人面对情感纠葛时的感受和表现，是不是跟孩子面对依恋和分离焦虑时的各种反应如出一辙呢？

鲍尔比开放包容的学术风格赢得了广泛的赞誉，他一生专注研究孩子与母亲的依恋关系，同时充分借鉴习性学、进化生物学、认知心理学、发展心理学、精神分析心理学和信息处理系统理论等多学科的研究方法及成果。1989年，他凭借卓越的建树，获得了美国心理学会授予的杰出科学贡献奖。

鲍尔比的很多主张，比如，依恋是人类在进化过程中被预置的生存密匙；母婴关系对孩子的心理发展具有不可逆的影响；亲子依恋是孩子成长的基本力量，奠定了孩子将来应对挑战、处理人际关系和人格发展的基础；过度保护或者表面化的母爱是泛滥和空洞的，这种爱主要源于母亲的一种补偿心理，对孩子而言是具有危害性的……成为研究亲子关系和儿童心理发展的重要参考依据，而且影响到后来关于不同依恋行为的研究、成人依恋的研究等更加广泛的领域。

近年来，孩子心理情感发展和亲子依恋关系的内容，愈发受到心理学家、儿童工作者和广大家长的重视，人们逐渐认识到孩子焦虑、愤怒、恐惧，以及各种要赖等不良行为的背后，常常都有亲子关系不良或者安全依恋缺失的问题。

孩子与母亲稳定牢固的亲密关系，不仅能带给孩子心理安全感，也会带给孩子探究世界的勇气。安全依恋关系让孩子相信自我的同时，也建立起信任他人的基础，并不断表现出适宜的行为方式，逐渐积累起摆脱依恋束缚的力量，去开拓更加广泛的发展空间。说得通俗直白一点，建立起安全依恋关系的孩子等于系上了心理安全绳，又好似装备了心理增能机，他们将拥有强大的能量去独自闯荡世界，而不必担忧无法得到亲人的情感支持。与此相反，缺少稳定依恋的孩子内心充斥着冷落和孤单，他们内心挣扎、行为失当，对自己、对他人信心不足。

知道了依恋关系对孩子的重要影响，那么作为家长如何能够知道自己是否已经跟孩子建立起了安全依恋关系，或者自己与孩子的亲子关系究竟好不好？美国心理学家，同样也曾获得过美国心理学会杰出科学贡献奖的玛丽·爱因斯沃斯（Mary Dinsmore Salter Ainsworth），提出的"陌生情境测验"，可以一探亲子关系的究竟。

"陌生情境测验"具体包括八个步骤:

1. 研究人员引导母亲带宝宝进入一个放置了很多玩具的陌生的房间;

2. 母亲在房间内坐下来,让宝宝自由活动探索;

3. 一个陌生人进入房间,先和母亲说话,再跟宝宝打招呼;

4. 母亲离开房间,让陌生人单独跟宝宝留在房间里;

5. 母亲回到房间陪伴宝宝,陌生人离开房间;

6. 母亲再次离开房间,留下宝宝单独在房间内;

7. 陌生人回到房间,陪伴宝宝;

8. 母亲再次回到房间,陌生人离开。

通过这个测验,我们可以观察到宝宝在不同情境下的反应:当妈妈离开时,宝宝会不会抗议?程度如何?当妈妈回到自己身边时,宝宝会做何反应?面对陌生人的时候宝宝又是如何表现的?通过大量的实验观察和分析,爱因斯沃斯发现宝宝面对陌生人和离开妈妈时,会有明显不同的反应,并总结出三种基本的依恋类型。

第一种是安全型依恋:妈妈在身边时,宝宝表现得很自在,能够独立地游戏和探索环境,时不时会来亲近妈妈。而当妈妈离开的时候,宝宝常会表现出有点心烦或不自在,当妈妈回来时宝宝就会立刻靠近并寻求接触。这种关系类型中的妈妈通常也表现出对宝宝稳定的关心和负责的态度。

拥有安全型依恋关系的宝宝知道妈妈对自己是关爱和负责的,即使妈妈不在身边也会对妈妈抱有信任，因此会更加快乐和自信，更重要的是这样的孩子，将来在情感、交往和人格方面都能发展好。

第二种是焦虑回避型依恋：妈妈在身边时，宝宝不大主动寻求接近，妈妈离开的时候也不会太在意，没有"依依不舍"的表现，当妈妈再次回来时，宝宝也不会高兴地扑到母亲身边。这种关系类型中的妈妈通常对孩子也不是很在意、很负责的。

如果焦虑回避型依恋关系没能得到改善，孩子不仅在情感上跟妈妈比较疏远，将来个性也容易变得孤独冷漠，人际交往能力方面很容易出现问题。

第三种是矛盾反抗型依恋：孩子在新环境中常常紧紧黏着妈妈，几乎不去游戏和探索环境，当妈妈离开时会表现出明显的哀伤或者愤怒。然而一旦妈妈回来了，他们会又喜又怨，一方面会揪着妈妈，寻求身体接触，另一方面却又常常连踢带打或者委屈哭闹，借此表达心中的不满。这种关系类型中的妈妈往往对孩子的需要不够敏感或者对孩子关心不足，态度及反应也常常忽冷忽热、不够稳定。

矛盾反抗型依恋关系如果未能得到改善，孩子不仅容易情绪波动，害怕陌生环境和陌生人，也时常会有耍赖哭闹的表现，将来还容易焦虑或者反叛，在情感、人际关系和个性发展方面会有相当的风险。

除了上述比较典型的三种表现，还有一些孩子的反应会有很大的不确定性，他们时而温和、时而哭闹，妈妈每次离开或者回来，都可能有不同的表现，依恋关系呈现出相对幼稚和不稳定的特点。因为环境、面临的挑战以及亲子互动方式的不同，这类孩子将会向不同的方向分化、发展。

　　爱因斯沃斯通过进一步研究发现，依恋关系的发展，跟孩子出生后第一年内的亲子互动情况密切相关，例如在陌生环境中表现稳定的孩子，他们的妈妈一般对孩子的需要都比较敏感并且能够做出及时恰当的反应；而面对压力时出现焦虑、抵抗或者回避行为的孩子，他们的父母常常对孩子的需要反应迟钝，或者态度言行反复无常，甚至根本就很少亲身照顾自己的孩子。

　　宝宝出生后的第一年，和主要抚养人之间的互动会渐渐形成一种模式，也就是说不同气质个性的孩子遇到不同风格的父母，相互之间如何交流，怎样感知对方，各自又会进一步做出什么反应，这些用不了很长时间就会形成定式。比如有的父母会主动观察和发现孩子的感受和需要，他们乐于跟孩子交流，喜欢陪伴他们玩耍，当孩子情绪不好的时候，也能够及时进行安抚，当孩子好奇地探究周围环境的时候，父母不会过度限制而是敢于放手，在这样的积极互动模式中，亲子双方自然而然就能发展成安全型依恋关系。

　　假如父母很少亲身照顾孩子，或者抚养孩子时只是注意孩子的吃喝拉撒睡等生理需要，较少跟孩子交流、做游戏，缺少积极的互动和情感上的沟通，那么无论父母是因为本身性格内向、孤僻，还是因为身在职场，或其他原因，没能充分地陪伴和照顾宝宝，孩子感受到的都是父母对自己的疏远与冷漠，他们只能靠自己来温暖自己的内心，完全无法指望他人，进而会陷入焦虑回避型依恋的深渊。

还有一些父母，自己情绪易波动，喜怒无常，没有给孩子稳定的关爱和支持。他们可能前一分钟还在孩子身边，但下一秒就不见了踪影；有时刚刚还在对孩子笑脸相迎，转脸就变得气势汹汹。这样"矛盾动荡"的养育方式以及忽冷忽热的态度令孩子难以招架，时间久了亲子关系就会逐渐走向矛盾反抗型依恋关系。

不同的成长经历发展出不同的依恋关系，而依恋关系又会深远地影响孩子的未来。因为在依恋关系背后有一套"依恋行为系统"。

孩子一直在关注一些重要的问题，并且做出相应的反应，比如妈妈（依恋对象）在附近吗？她是不是关注和喜欢我呢？她会接受和支持我吗？如果孩子对这些问题的回答是肯定的，他们就会放心地探索环境和与他人交流；假如答案是否定的，孩子就可能进行反抗，表现得紧张、焦虑，甚至会哭闹或者耍赖。

在依恋行为的背后，是孩子对自我、他人和双方相互关系的认识及判断。拥有安全型依恋关系的孩子觉得自己是可爱的、被人接纳和喜欢的，他们相信妈妈是可靠的、值得信赖的，认为自己和妈妈的关系是稳定的、牢不可破的。而没有建立起安全型依恋关系的孩子就会相反，他们会怀疑自己，缺少自信甚至感到自卑，觉得妈妈和亲人都不喜欢且不接纳自己，就更不用提其他人了，他们认为连妈妈都是不可靠和不值得信赖的，这个世界上还能相信谁呢？

孩子对自我、他人以及人际关系的认知会逐渐沉淀并形成稳定的模式，进而决定着他们的思考方式和行为方式。

不同类型的依恋关系，对孩子的长期影响至少表现在四个方面：环境适应、抗压能力、人际交往、亲密关系。

孩子只有感受到父母稳定的支持，才敢去积极地探索周围的环境，遇到挑战和压力的时候，他们坚信会得到亲人的支持，从而在内心深处不断产生和获得正能量，并推动着孩子不断发展心智，更好地适应和认识环境，敢于和善于去改造和利用环境，并逐渐积累起成功的经验。

另外，依恋是孩子最早的社会性联结，也是情感社会化的重要基础，依恋关系的发展让孩子感到自己不再是孤单的个体，而是被他人接纳和能够融入集体的社会人。拥有安全型依恋关系的孩子乐于接近他人，善于结交朋友，在建立和处理人际关系方面洒脱自如，这是因为早期跟父母之间融洽而亲密的情感体验，令他们日后更加相信并善于建立稳定和谐的亲密关系。相反，拥有非安全型依恋（包括焦虑回避型依恋和矛盾反抗型依恋）关系的孩子则令人担忧，他们在社交中缺乏自信，内心常常隐藏着不同程度的焦虑，交往当中时常会举止失当而且还难以控制自己的行为，在青春期滥交的风险性更高，在亲密关系发展方面会遇到各种各样的困难和障碍。

需要强调的是，一个人在人际交往和亲密关系方面出现问题，虽然表面上看是因为行为失当而引起的，然而行为背后更深层的原因则在于其内心。换句话说，不是因为人际关系出现了问题才造成了心理问题，而是早年情感经历造成的心理问题导致他们在交往和亲密关系方面遭遇麻烦。

鲍尔比和爱因斯沃斯等人对亲子依恋和母爱剥夺的研究对心理学的发展产生了重要影响，研究范围后来被扩展至成年人。曾经有一个项目调查研究了上千名成年人，其中包括一些大学生，请他们对自己的人际关系进行评价，然后对号入座以下三种不同的情况：

> A. 我很容易与人接近，也不害怕别人离我太近；信赖他人令我开心，我很少担心被抛弃。
>
> B. 我会因为与他人接近而感到不安，如果有人主动亲近，我会很紧张，即便是爱侣要与我过度亲热，我也有些不自在；我很难完全相信别人，更不希望依靠别人。
>
> C. 我希望有人亲近但很少能如愿，我想要和他人融为一体，但不知为什么常常会吓跑别人；我时常担心伴侣并非真的爱我，也会害怕他弃我而去。

令人感到有趣和惊奇的是，绝大多数人都找到了自己的位置。现在，请大家仔细想想自己属于哪种情况。这里的 A、B、C 是不是很像上文提到的三种不同的亲子依恋类型？事实证明：童年的经历和影响真的会一直持续到成年。

孩子在建立依恋关系的过程中，总会使用一些招数和方法，用专业的术语讲就叫作依恋策略。其中初级依恋策略主要指当孩子希望亲近妈妈、需要协助或者寻求支持的时候，他们会主动接近依恋对象，尝试与依恋对象进行身体接触，会用动作、言语配合表情、态度努力发出信息表达自己的需求。

一旦孩子发现这样的策略没有效果，即依恋对象没有反应或者反应与自己的预期完全不符，他们就不得不去寻找和尝试其他办法，采用所谓次级依恋策略。这时候，孩子常常会有过激的行为，比如高声喊叫、大声哭闹、去抓或揪依恋对象、摔东西、砸东西、就地撒泼打滚等。孩子就是期望用这种猛烈的方式引起依恋对象的关注，进而获得有效的回应。这种情况常常就是熊孩子登台的典型场景。

如果这样的努力仍然不奏效，孩子就会转而采取另外一种策略及表达方式——逃避和防御。孩子为了逃避遭受冷漠或者惩罚的悲惨境遇，只好刻意地去转移注意，试图掩盖自己渴求依恋的冲动和企图，从而采取消极防御的办法回避依恋对象。这时候，孩子虽然不会主动去激惹父母，但消极抵抗的态度和方式，常会令一些家长无计可施，甚至更加火冒三丈。

再来看看孩子面临分离焦虑时三个阶段的表现：第一个是反抗阶段，宝宝试图抓紧妈妈，大声哭闹，挥舞四肢，亲人离开后会四处张望和寻找，孩子所有的努力都是为了阻止亲人离开自己。第二个是失望阶段，努力了但亲人仍然离开了自己，这时孩子仍然会断断续续地哭泣，但动作和吵闹声会逐渐减小，同时可能不理睬他人，表情迟钝。第三个是超脱阶段，亲人离开了自己但生活还得继续，孩子开始接受其他人的照料，能够进行基本的生活游戏活动，而当提到亲人或再次见到亲人时又会感到伤心，表情悲伤。

请大家对比一下，孩子寻求依恋的过程当中遇到各种失败时的反应，是不是正好对应着分离焦虑的不同表现？依恋和分离焦虑是情感连接的两种状态，正向的是接触和亲近的愿望与努力，反向的是分隔和远离的担忧与抗拒，而它们本质上都代表着孩子在身体和情感上渴望与亲人保持亲密联系的倾向。

必须强调，依恋类型还是取决于母亲的行为，或者在母亲缺位时候的其他主要抚养人的行为，其中最关键的是他们对孩子的需要以及对孩子发出信号的敏感性，最核心的则是其内心是否真正充满对孩子的关爱。尽管在亲子互动过程中，孩子和父母是相互作用、相互影响的，但父母的作用毋庸置疑要超过孩子，因此，要改善孩子的行为必须先改变父母自己，请大家深思！

现实当中，父母都明白只有改变自己才能改善孩子的道理并不难，但要切实改变自己的行为却绝非易事。正如我们不断强调孩子早期经验的极端重要性一样，父母自身的早期经验也在根深蒂固地发挥着影响。假如父母在儿时未曾获得安全型依恋关系，他们要打破代际传递，要自己展现出良好的心态和行为，跟自己的孩子建立起安全型依恋关系，那是非要来一场自我革命之后才有的机会。

在结束对鲍尔比和爱因斯沃斯研究成果的介绍之前，我还要就多重依恋再说几句。记得在我参加《杨澜晚八点》的直播课程时，杨澜女士问我，为什么书中都只说妈妈而不说其他家长？这的确是众多女性朋友的疑惑。这里包含两个原因：一是对于孩子的发展来说，尤其是心理和情感方面，妈妈的作用是至关重要的，没有任何其他家长可以比拟，当然这样说并不意味着否认爸爸的特别重要地位；二是很多孩子的抚养人不止一个，奶奶、爷爷、姥姥、姥爷常常会帮忙带孩子，也有不少家庭会请专职的育儿嫂协助，为了方便，我们可以用妈妈作为所有家长的代表。所以在本书当中，当你看到"妈妈"这个词的时候，可以是特指母亲这个角色，也可以泛指各位主要的抚养人。

我们有充分的理由认为，妈妈一定是孩子首选的、无可替代的第一依恋对象，孩子只有在几经努力而确实无法跟妈妈建立起依恋关系的情况下，才会不得已而转向其他抚养人甚至是喜欢自己的老师寻求接纳和关爱；如果孩子的主要抚养人不止一位，则每个人都有机会在跟孩子的交往互动中，让孩子与他们建立起某种依恋关系，孩子也可以拥有多个依恋对象，即建立多重依恋关系。

相比较而言，我们可以把母子之间的安全型依恋关系定义为核心依恋关系，多重依恋关系可以成为核心依恋关系的补充，它们之间的性质和强度可以是不一致的，但都会对孩子的发展产生一定的作用，而且常常是相互补充、相互协同的正面作用。所以父母大可不必因为孩子跟祖辈老人或阿姨很亲而心生妒意，反而应该经常反思自己与孩子建立的亲子关系品质如何。

如果妈妈在亲子依恋关系的发展中明显缺位，孩子就有可能尝试与其他抚养人建立补偿性的依恋关系，比如跟奶奶、姥姥、保姆特别亲近甚至感情超过父母。这种替代性或者补偿性的依恋关系，对孩子的心理和情感发展的确具有积极的作用，然而即便这种依恋可以"相当完美"，但在孩子的内心深处尤其是涉及亲密关系的那块领地，仍然会因为父母尤其是妈妈"缺席"，蒙上挥之不去的阴影甚至刻下深深的伤痕！

03 认知心理学泰斗皮亚杰的三山实验

不少家长时常会抱怨孩子无缘无故地耍赖，每每听到我都会及时做个提醒——孩子绝对不会无缘无故地耍赖，只是父母还没有找出其中的缘故罢了。更多的父母会认为孩子是在不讲道理甚至毫无道理地耍赖，但事实上孩子自有他们的道理，只是跟家长不在一个"频道"上罢了。

认知心理学的泰斗让·皮亚杰（Jean Piaget）曾经做过一个著名的实验，叫作三山实验。他在实验台子上错落布置了三座大山，这三座山的位置、高低、大小、颜色各不相同。实验开始的时候，请孩子转着圈儿从前后左右四个不同的方位观察这三座山。看到这里，你有没有想到苏轼的诗句"横看成岭侧成峰，远近高低各不同"呢？对了，这三座山构成的实验模型，从不同的角度观察就会呈现不同的样子。

当孩子全方位看过三座山之后，实验人员会请他们面对着模型就座，同时会在孩子的对面，也就是隔着实验台的另一边，摆放一个娃娃供孩子参照，孩子需要完成的任务是从四张图片中挑出来哪一张是娃娃看到的画面。实验发现：六七岁以下的孩子几乎都无法找出娃娃看到的那张图片，而是坚定地指认从自己的角度看到的画面。

　　皮亚杰就此推断，按照孩子认知发展的阶段特点，处在这个阶段的孩子仍然明显处于"自我中心"，他们很难站在别人的立场换个角度考虑问题，而是相信别人看到的事物都是跟自己一样的。随着认知能力的进一步发展，孩子才能逐渐地走出"自我中心"，学着换一个角度考虑事物，明白他人可以有完全不同的视角和见解。

　　这个道理说出来，大家可能会觉得没什么新鲜也并不意外，然而生活当中却可能完全是另外一回事。父母常常忘了，孩子根本无法站在别人的立场观察和考虑问题；更可怕的是，家长常常忘了让自己换到孩子的角度去观察和思考。家长之所以弄不明白孩子的需要和感受，也很少根据孩子的立场给予恰当的回应，正是因为自己像孩子一样陷入了"自我中心"之中。

　　我想再一次提醒：孩子耍赖、发脾气总会有他们的缘由，孩子跟家长搞对抗、不听话也总有他们自己的道理，需要换位思考的首先是家长，因为我们早就应该摆脱"自我中心"了，只有真正懂得孩子，并以孩子能够理解和接受的方式与孩子进行沟通，才能有效地解决各种棘手问题，帮助孩子更好地成长。

第三章

认清孩子耍赖背后的真实意图

耍赖，是一项既费力又耗神的行为。无论是自然宣泄的撒泼还是故意为之的耍赖，孩子既需要发出高亢的声音，又需要肢体动作的配合，着实称得上是一项高强度的"运动"；有些时候孩子一边哭喊闹腾，一边还要悄悄观察家长的反应，并随之做出必要的行为调整，其实也是非常耗费心智和精神的。

人常说"付出的越多，期望的回报就越高"，孩子虽然未见得斤斤计较，但他们费力耗神的耍赖背后，一定有某种诉求，即便个别时候孩子自己都没有意识得非常清楚，但是家长却不能不问个究竟。只有认清孩子耍赖背后的真实意图，才能够做出恰当且有效的回应，也才能够更好地满足孩子的合理需要，并同时塑造孩子良好的行为习惯。

01 因先天气质被误解的耍赖行为

有人说孩子天生都爱耍赖，这种说法打击面太广也有失公允，我实在不能苟同。但如果说有些宝宝天生自带"熊孩子基因"，似乎还真的就不好全然否定呢。

慧玲有两个儿子。人都说"龙生九子，各有不同"，可慧玲当初觉得几乎不大可能。她之所以能下定决心要第二个宝宝，跟大儿子温和乖巧的个性有直接的关系。"要是我们家老大像老二这样，估计我是没有勇气要老二的"，慧玲时常把这句话挂在嘴边。

兄弟姐妹之间太过相像，常会引来周围人的感慨——你们咋跟双胞胎似的？但兄弟姐妹之间如果差异太大，也会引得大家的惊诧——你们怎么可能是一奶同胞呢？慧玲家的老大和老二，就是常常引来人们惊诧的一对兄弟。

大儿子一生下来就属于"钝感"的孩子，并不爱大哭大闹，在整个婴儿时期的表现都非常"天使"——尿布脏了他通常只是哼唧几声表示抗议，要求吃奶的方式也让妈妈非常欣慰，饿的时候仅会翻来覆去扭动，只有妈妈夜里实在睡得太沉，察觉不到他的需求时，他才会哭闹几声；七八个月大时，只要给他几个玩具，他就能自得其乐摆弄半天，让慧玲感觉十分轻松。

而小儿子一生下来就表现得非常敏感，尿布湿一点都不行，只要一湿马上就会大哭抗议。对于饥饿更是一点也不能忍受，饿了马上就会醒来，而且必须立刻吃到奶，如若不然，便哭得像喘不上气一样，经常让妈妈手忙脚乱。对于已经养育了一个孩子的慧玲来说，本以为轻车熟路的养育之路，在老二到来后，变得格外艰难。

随着年龄的增长，慧玲发现两个孩子的表现差异越来越大。大儿子相对平顺地度过了 2 岁的执拗期，虽然有一段时间也会因为买玩具而耍赖，但每次只要妈妈转移一下注意力，耐心和他讲讲道理，通常就能轻松搞定了。在三岁入幼儿园的时候，他像大多数孩子一样，经历了一周多的入园哭泣阶段，但之后就一切顺利，很快融入了新环境。

而在小儿子那里，以上阶段却都让慧玲心力交瘁。2 岁多时，不达目的誓不罢休的老二成了小区里远近闻名的"小魔王"，翻脸比翻书还快，前一秒还兴奋地蹦蹦跳跳，转瞬间就会提出过分要求，开始"找碴儿"，妈妈经常在众目睽睽之下，被哭闹不止、满地打滚的他折磨得"缴械投降"。而在老二 3 岁多入园时，情况更为严重，他不但每天激烈抗拒去幼儿园，更在入园第一天就一边喊"打你、打你"一边真的动手拍打老师，弄得大家哭笑不得。直到入园三个月后，他还常常在幼儿园惹出事端，今天踢坏了玩具，明天拒绝吃饭睡觉，后天推搡小朋友，在老师和小朋友家长那里都被"挂上了号"，成了需要特别对待的"坏小孩"。妈妈渐渐发现，老二对于不愿接受的事情，从一开始的耍赖拒绝渐渐过渡到暴力抗拒，这让慧玲一天比一天担忧起来。

每个孩子都有与生俱来的气质个性，心理学上解释为心理活动和行为反应的倾向性，通俗地说，就是不同的孩子面对同样的人和事，会有不同的感受，做出不同的反应。比如说有的宝宝节律性高，什么时候想吃，什么时候要睡，甚至什么时候拉大便，都非常有规律，哪怕是新手父母，照顾起来都会得心应手；有的宝宝反应阈低，对各种刺激特别敏感，像环境温度的变化、食物口味的变化、家人态度的变化、游戏方式的变化等，任何方面的波动都会成为新鲜的刺激，让他紧张和警觉起来，如果这个特点再配合上较高的反应度——也就是宝宝受到刺激以后做出反应的强烈程度很高，那么成天紧张焦虑的就该是妈妈爸爸了。

了解孩子的气质个性，我们需要从九个方面进行评价，分别是：活动性、节律性、趋避性、适应性、坚持性、分散度、反应阈、反应度、情绪质。

每个孩子在这九个维度上的偏向和高低强弱程度不同，形成特定的组合，表现出来就是独特的气质个性特点。家长在日常生活当中，应该能够感受到孩子的某些不同倾向，但是不太容易从总体上清晰地梳理出来，假如能够借助专家的支持认识到孩子的气质维度组合，就能够事先预见到在不同的情况下孩子会怎样表现，也就不大会被难以琢磨的小家伙搞得焦头烂额了。

巧合的是慧玲的大儿子是个温和的孩子，专业上称为"生存—发展平衡型"；而小儿子恰恰相反，是个敏感又积极的孩子，专业上称为"生存—发展冲突型"。相比较而言，老大不像老二那么敏感，不会对任何风吹草动都做出反应，同时他的反应度也要低一些，不像老二有什么不舒服或者不满意，都会极为高调地爆发出来。特别是两个孩子的情绪质特点不同，老大是个乐天派，各种事情在他的眼里常常带有淡淡的喜感，而老二却情绪容易波动，时而兴高采烈，时而火冒三丈，搞得妈妈跟不上他的节奏且难以有效应付。

有的地方有个说法，认为老大这种孩子属于"疼娘型"的，而老二这种则是"磨娘精"。但请大家千万别把外号当作褒贬,每个孩子的气质类型各有长短,总体上并无好坏之分,每一个气质特点既有积极的一面也有不足的地方。

孩子的气质特点如果跟成长环境很搭,心理学上称作"调适良好",就好比土壤气候恰恰适合这类种子,孩子就能够扬其长避其短,发展得越来越棒;相反,假如成长环境跟孩子的气质特点相左,那就会变成"调适不良","橘生淮南则为橘,生于淮北则为枳",孩子就非常可能出现各种各样的心理和行为问题。而在环境当中,特别需要强调的,是父母对孩子的认识和预期,假如爸妈不喜欢孩子先天的气质特点,总是希望他表现出原本并不具备的特点,那么亲子关系就难免会紧张,不仅会形成造就熊孩子的家庭土壤,也特别容易产生令孩子纠结头疼的熊爸妈。

谨慎的孩子易被误读为"怂"和"懒"

衡量孩子的气质有一个维度叫作趋避性,指的是孩子面对新的环境、陌生人以及不熟悉的活动时,他们是会好奇地去接近一探究竟,还是会先行回避以免惹上麻烦。谨慎本身是个中性词,但是因为家长的个人偏好不同,有些时候就会被贴上负面的标签,尤其是当孩子和大人对于环境和任务的判断出现了明显偏差的时候,孩子的表现就有可能跟耍赖挂上钩。

宁宁不喜欢做冒险的事情,但这种谨慎在宁宁小的时候,常常被妈妈认为是胆小,需要通过"锻炼"来改善。

宁宁对很多看起来平常的事物都感到恐惧,他害怕的很多东西让人哭笑不得,比如充气的玩具,尤其是儿童娱乐场里常见的那种大型充气城堡,或是商店开业时放在门口的利用鼓风机吹风而支撑的充气柱。宁宁给这种充气的装置起名为"气鼓鼓"，一旦发现路上有"气鼓鼓"，他肯定要躲得远远的。妈妈问他为什么不靠近，他总说"不要不要，不要'气鼓鼓'，'气鼓鼓'会爆炸！"。

宁宁对于"气鼓鼓"的抗拒，让妈妈经常也变得"气鼓鼓"，这玩意儿有什么好怕的呢？为了让孩子"练胆"，妈妈可没少"用心"，有时候强拉着宁宁去买超大的气球，有时候威逼利诱把宁宁骗到充气城堡里，而效果却不尽如人意。

到最后，宁宁只要到商场或公园里，就会变得神经兮兮，通常在远远发现"危险"的时候，就会立刻两腿一软赖在妈妈身上要求抱抱，或者怎么拖也不动，使用一切手段要求从另一条路绕着走。在这种时候，宁宁妈妈常常大声呵斥宁宁不要在公共场合耍赖，美好的周末时光也常常因为"气鼓鼓"不欢而归。

除了"气鼓鼓"的问题，宁宁的谨慎抗拒还体现在生活的方方面面，动不动就缠着妈妈，要求离开"危险场所"，在妈妈看来这是严重缺乏男子汉气概的表现。宁宁妈妈开始整日焦躁，并为宁宁的未来深深地担忧起来。

谨慎的孩子总是把自己的安全放在第一位，他们不仅总是让自己远离哪怕一点点的风险，而且也会特别在意自己的利益可能遭受到损失，行为表现上常常是先远观，甚至是先逃开，待所有的疑问得到了放心的答案，才会慢慢放松和热络起来。当孩子感觉紧张的时候，家长越催促，孩子的压力越大，越容易出现明显的退缩。

面对真正具有风险的环境，孩子即使表现得谨小慎微，父母自然也是能够理解和认同的，比如大多数孩子都会害怕巨大的雷声，大多数家长都能在孩子恐惧的时候给予关怀和安抚，因为家长大多记得自己在年幼的时候也对这些未知的事物产生过恐惧的感觉；但假如是一些毫无风险甚至有好处的事情，比如上文中宁宁害怕的"气鼓鼓"，本来是一个供孩子玩耍和带来欢乐的东西，父母则完全不把它归类在"危险事物"中，这样就很容易认为孩子太"怂"，常常自觉或者不自觉地会催促、批评甚至强拉硬拽，亲子冲突的场面呼之欲出。

家长自己若是个性温和的人，孩子的各种不积极或许只会被认为是"懒"，但遇上急脾气的父母，不督促教训孩子就很难平复自己的情绪，每每陷入这样的境地，谨慎的小朋友大哭大闹地耍赖并试图逃离危险和压力，也就不足为怪了。

其实平心静气地想想，孩子喜欢事先权衡一下，比较比较任务的风险和自己的能力，原本可以算是在进行侦查和思考，至少不是什么坏事情吧。只不过谨慎的孩子常常在估摸自己的时候比较保守，而在预计风险的时候又喜欢夸大一些而已，说孩子"怂"或者批评他"懒"，不仅于事无补，还等于在变相地培养孩子的耍赖行为。要改变这样的状况，父母空洞的鼓励或者强力的压迫是很难奏效的，正确的方法是给孩子一些空间和时间，同时提供必要的支持和帮助，让孩子逐渐提高自己的本领和积累成功的经验。

父母站对了立场，变换了角度，曾经眼中的"熊孩子"立马就可以变身成为具有特点的好孩子了！

敏感的孩子易被误读为"娇"和"闹"

气质个性中衡量敏感与否的维度叫作反应阈，"阈"字的发音同"玉"，是门槛的意思。大家都知道，假如房间外面有水，水只有漫过了门槛才会流到屋子里面，低于门槛对室内就没有什么影响。有些孩子的反应阈比较低，对别人来讲很小的刺激，他们都感受得到并且会做出反应。反应阈低的孩子除了对温度、味道、声音、光线变化等能够感觉得到的刺激很敏感，对别人的眼神、表情、语气、态度等能够引发情绪情感的刺激也非常在意。

2岁半的豆豆就是这样一个敏感型宝宝，她从小就是一棵含羞草，从八个月开始，除了妈妈，谁都不能抱她。1岁多在电梯里遇见邻居，妈妈和人打招呼的时候，豆豆常常把头深深地埋在妈妈的脖颈中，不愿意和人打招呼，而当有人到家做客时，豆豆也非常挑剔，如果是年轻的、亲和的阿姨，尚且能稍稍和她玩耍一下，但若是男性客人，豆豆就立刻躲得远远的，任人怎么逗，怎么劝，也不愿意接近。

在妈妈看来，豆豆除了有待人接物的"障碍"，也表现出越长大"事儿"越多的倾向：比如在喝水的时候，总让妈妈先试试烫不烫，有时候即使妈妈反复说不烫，可以喝了，她还是会拒绝，一直重复让妈妈再试一次……类似的表现令豆豆妈妈非常焦躁。到了孩子两岁多之后，豆豆妈妈觉得自己的孩子就属于那种特别倔的、完全不听人劝的熊孩子，一旦认定不能做的事儿就坚决不做，跟自己杠到底，于是母女之间开始频繁冲突，豆豆妈妈逢人就说，多好的脾气也被这熊孩子磨没了。

像豆豆这样越长大越倔强的情况，其实还是本质里的敏感基因在作祟，他们的体内好像有一个雷达，时刻都在监测外界环境的变化，对于冷热变化、明暗变化、声音变化、色彩变化，甚至他人的语音、语调和情绪变化，都能敏感知晓。他们体内的雷达捕捉到这些变化之后，就会试图去分析这些变化与自己的关系。他们很可能会把这些当作一种危险信号，进而表现出一种应激反应，比如抗拒、退缩、要求大人保护等行为。

敏感型宝宝通常依赖性更高，往往更加黏妈妈或者值得信赖的亲人，并且通常喜欢宅在家里，不喜欢到陌生的环境中去。一旦离开他们熟悉的环境和自己依赖的人，就会情绪失控，喜欢抗拒到底。尤其是父母完全不顾孩子的气质特点，非要强迫他们去尝试时，孩子的反应会更大。如果给他们更多适应新环境的时间，耍赖行为就可以明显减少了。

敏感型宝宝好像身上装满了各种捕捉信号的探测器，环境当中的任何风吹草动都能引起他们的警觉。如果他们反应度比较低，在家长看起来就是娇气，这也不行那也不干，特别爱挑毛病、爱找碴儿；如果他们除敏感外反应度还高，那就成了惹不起的"暴脾气"，有时候家长可能根本不知道什么地方出了毛病，究竟哪里得罪了他们，反正见到的就是各种耍和闹。

就像豆豆这样只被热水稍微"烫"过一次，便每次喝水都要家长反复确认水温的孩子，就是典型的十分敏感的孩子，而敏感的孩子不一定会刚好有个敏感的妈妈，所以经常是妈妈觉得无所谓，但是孩子的感受则完全不一样。从孩子的角度看，妈妈对自己不认同、不理解、不予以保护，甚至还要批评指责自己，他们的感受就会更糟糕，就会用各种各样的方式试图强烈地提醒妈妈——"我感觉很不爽，我想要避免这样的刺激"。假如这时候家长仍然不为所动，孩子除了将耍赖升级，还能有什么其他出路呢？

父母应该自觉地去了解自己的孩子具有什么样的气质个性特点，而不能一厢情愿地要求孩子按照大人的想法去表现，否则，家长不合适的言行反应就等于在不经意之间"逼"着孩子去撒娇或耍闹。

坚持性高的孩子易被误读为"犟"和"烦"

任何的气质特点都有两面性，比如坚持性，指孩子集中精力做某件事情的耐力和抗干扰程度。假如孩子把坚持性高的特点用在了读书、学习、写作业上，家长通常会备感欣慰、喜不胜收，可是如果用在跟家长搞对抗，或者撒泼耍赖上，那家长一定会不胜其烦、苦恼不已。然而，这样貌似截然相反的表现，实际上是同样的心理行为倾向。

11个月的航航每天都在兴致勃勃地探索这个崭新的世界，但是在探索的过程中，他发现父母并不总是支持他。比如他想要玩电饭煲时，妈妈就把他抱走了，并且关上了厨房的门。他看到墙上挂的钟，想要摸一摸时，妈妈没有抱着他摸，而是递给他一个他早已经不感兴趣的玩具。在这些时候，他总是不忘初衷，仍然执着地想要摸摸电饭煲或想要鼓捣一下时钟，于是他大声"啊啊啊"地叫，并且用手指着厨房的方向或指着墙上的时钟，但是幼小的航航做不了更多有力的抗衡，妈妈经常随便找一个其他新鲜的东西来转移他的注意力。

对于航航家来说，类似的场景几乎每天都在发生。但渐渐长大的航航已经不再止步于妈妈的"旧伎俩"，他急切地想要了解这个世界，所以他开始不顾一切地打开洗衣机看看里面是什么，把手伸进放香菇酱的玻璃罐里摸一摸那是什么感觉。妈妈渐渐发现，转移航航的注意力变得越来越难了，对于那些无法满足的危险要求，航航常常大声地尖叫、"控诉"很长时间才肯罢休。

现在，航航快3岁了，已经变成一个自我意识非常强的孩子，他提出一项要求，妈妈若是不同意，他甚至能连续闹上小半天的时间，直到妈妈以各种形式同意为止，这简直让航航一家苦不堪言……

一天早上，航航一起床，不知为什么就非让妈妈在家陪他玩一天。妈妈因为工作实在繁忙，便任他怎么闹也没同意，只答应他下午早回家，晚上带他去吃好吃的。但是航航并不买账，全力进攻让妈妈必须在家陪他，其他方案一概不同意，妈妈本来决定冷处理，准备直接上班去，就让他自己哭一哭，哪承想航航看到哭闹不奏效，居然跑到妈妈面前用头撞墙。闹到这番田地，妈妈只好请了一天假，在家陪伴安抚他，他这才罢休。

孩子的气质个性特点是跟环境相互作用的，这里说的环境，既包括要做的事儿，也包括要面对的人。如果家长对孩子的合理需要没有给予足够的关注，既不满足，也不放手，更不支持，那孩子若不坚持斗争就真的麻烦大了，就无法成长和进步了，耍赖的背后其实正是孩子追求发展的好品质。正如航航小的时候，他愿意积极地做各方面的探索，本是非常好的行为，这时候家长一定要给予足够的鼓励和支持，而不能一味地用转移孩子注意力的方式去阻止。当遇到危险或破坏重要规范的事情时，孩子会因为直接的要求无法得到满足而哭闹，这时家长也要及时帮助孩子疏解受挫的情绪。当然这一定要同溺爱区分开，以免因为处理不当而培养出过度以自我为中心、专横霸道的性格。

希望培养孩子良好的行为，一定要进行积极和有效的引导，就像洪水来了你只是堵肯定不行，那样只能顾此失彼，甚至会得不偿失。家长应该主动地给孩子创造适合他们成长的环境和条件，同时还要避免过度干扰，要接纳和允许孩子进行尝试，给他们足够的空间和自由。所谓强扭的瓜不甜，父母在发现孩子太犟，对他的行为感到不厌其烦时，切不可强扭着孩子去做改变，这样常常会适得其反；而应该换一种更积极的思维，想方设法把孩子的坚持和韧性引到双方都觉得好的地方去。

孩子在父母眼中是不是乖乖宝，与双方的气质性格有关

每个人都会有自己的偏好，无论衣食住行还是旅游交友，绝对是"萝卜白菜各有所爱"。虽然说，孩子都是自己的好，但不同的父母还是会自觉不自觉地有自己的偏爱。如果家中有多个子女，这种偏爱就会表现得比较明显，即便是独生子女家庭，父母也难逃个人偏向的影响，可能特别欣赏孩子的某些方面，同时又非常不喜欢另外的某些特点，甚至有些父母仅仅因为孩子的不同性别，就表现出掩饰不住的好恶。

家长之所以会偏爱孩子或者偏爱孩子的某些特点，固然跟家长自身的成长经历、教育背景以及生活环境有关，除此之外还有一个特别的因素绝对不能被忽视：那就是亲子双方的气质性格是不是合得来。有些人喜欢温和安静的孩子，有些人则偏爱积极活泼的孩子。父母对于孩子气质个性的偏向主要包括两种情况：第一种是特别希望孩子跟自己相仿；第二种是希望孩子跟自己相异。

无论父母自己是否承认，表面上是对孩子的期望，实质上却是为了满足自己的心愿。希望孩子规矩、安静、温和的家长，遇到节律性低、活动性高、反应度高的孩子，就总会觉得不如所愿，看到孩子的表现似乎哪哪儿都不顺眼，亲子之间的矛盾冲突自然在所难免；希望孩子积极、皮实、乐观的家长，遇到倾向回避、反应阈低、情绪消极的孩子，就会处处起急，亲子互动也就很难顺风顺水。

然而正如我们反复强调的，孩子的气质个性既是与生俱来、无法改变的，

也是各有千秋、利弊兼具的。同样的气质个性放到不同的成长环境中，孩子的成长过程乃至发展品质会明显不同，而且优劣尽显、大相径庭。很多时候，正是家长对孩子气质个性的不了解、不理解、不认可、不欣赏，才引发了亲子之间明显的对抗，促发了孩子扮熊耍赖的种种表现，甚至我们干脆可以直言不讳：正是因为家长先装熊，才惹得孩子不停地耍熊。怪不得越来越多的人认识到——熊孩子其实都是熊父母有意无意培养出来的。

02 缺少更好表达方式的耍赖行为

孩子的很多耍赖表现，常常是因为和成人之间"沟通"不畅导致的。孩子很清楚自己想要什么，但是却因为表达能力有限，没办法准确传达给父母，更重要的是家长不能很好地理解孩子，于是就出现了沟通不畅。家长会错意，孩子的需要得不到满足，于是分歧自然就会出现。

很多时候，孩子无法用语言清晰表达自己的需求，行动和情绪才是他们更真实的表达；更多时候，孩子表面的诉求之外还有更实质的内涵，假如自己的想法不被理解或者不被认可，着急恼火当然是再正常不过的反应了。

灵灵 1 岁多了，说话只会一个字一个字往外蹦。一次，妈妈带她到街上玩，灵灵突然指着街角说"要、要"。妈妈顺着她的手指看过去，一串气球正飘在天空中。于是妈妈买了个气球放到灵灵手上。可灵灵却哭了起来，一个劲挥着手。妈妈急了："你不是要气球吗？给你买了还哭什么！"说完便一把将灵灵强硬抱走了事。灵灵一边挣扎着试图挣脱妈妈的怀抱，一边大哭抗议。

又一次，灵灵在家玩，对着厨房台面上伸着小手，嘴里不停地喊"拿、拿"。妈妈看台面上也没有什么新鲜东西，拿起鸡蛋给灵灵，她直往外推，还指着那里大喊"拿、拿"。妈妈不断拿起勺子、铲子、盘子、盆给她，都被推了回来。"你到底要什么啊！"看着急得大哭的孩子，妈妈也急得大吼。

宝宝的想法总是多过言语的表达，不被父母理解的时候，强烈的冲动会转化为强烈的行为，如果父母缺乏耐心，孩子因为不被理解而感到受挫，这种挫败感会进一步强化孩子的负面情绪，久而久之，孩子就会用哭闹耍赖的方式来缓解压力和提出抗议。

人和人之间的沟通交流是很复杂的过程，相信大家能够举出无数的例子，来说明沟通出现障碍或者误解何以产生。发出信息的人首先需要把自己的想法进行编码，转化成特定的言辞、语气并配合表情、动作等，不同语言、不同文化、不同个性的人，就像长相各不相同一样，编码的方式和结果也是有差别的。

编码之后的信息要隔空传递到接收人那里，这个过程当中几乎一定会发生两件事情：信息的污染和衰减。所谓污染是指原本的信息受到各种干扰而变味，多余的或相反的意思混杂进来，接收者却还常常以为变了味道的信息就是发出者的本意呢；而所谓的衰减是指信息传递过程中难免丢掉一些内容，也许是一部分的想法不见了，也许是意思的重要程度降低了。大家都知道"传话游戏"，参加游戏的人排成一排，第一位悄悄告诉第二位几句话然后不断往下传，平均水平是中等复杂的信息经过三个人之后就开始跑偏，一般到第七个人那里意思就会改变过半。

沟通交流的第三个环节，是收到信息的这个人要对信息进行解码，辨识它的真正含义。这个环节又会出现一个几乎无法避免却又很难被发现的问题，就是接收信息的人会下意识地根据自己的经验进行解读，更加"可怕"的是潜意识也会悄悄地发挥影响，不知不觉中让接收人按照自己的愿望去解读信息。

言归正传，亲子之间的沟通交流要做到准确、及时、有效，需要大量的练习与磨合，过程当中各种忽视、偏差、误解着实难以避免。心理学家曾有发现：反复遭人误解尤其是不被亲友理解，会导致明显的挫败感甚至严重的焦虑。对于孩子来讲，自己必须依赖、仰仗的亲人，自己最亲密、可信的父母，如果不明白、不理解、不回应自己的要求和想法，那绝对是高级别的严重事件，他们必然会做出强烈的反应，家长若不能换作孩子的角度和立场进行体会，就非常可能认定孩子是在无理取闹、是在耍赖。

不要忽视动作和情绪语言

一提起沟通交流，大家可能就想到怎么说和怎么听，实际上人与人之间的信息沟通，有很大一部分是不需要语言的，比如不懂英语的人看一部英语原文的电影，虽然一个词都没听懂，但仍然可以明白大部分故事情节。在言语之外，每个人的动作和情绪无时无刻不在传递着丰富的信息。

糖糖两岁多了，她想自己穿衣服。她把衣橱打开，拿出自己的裤子和袜子，一边比画一边笨拙地往身上套。奶奶看到了，走过来想要帮忙。糖糖见到奶奶走过来，急得大哭，边推奶奶边说："自己、自己。"奶奶在旁边看她怎么也穿不上，又不淡定了，抓住裤子，想要帮她摆正。糖糖看到奶奶又来"抢"裤子，急得大哭，边哭边紧紧抓住裤子，试图保护裤子不被奶奶抢走。奶奶收回了自己的手，仍守在一边，准备随时帮忙。糖糖却不依不饶，用小手推奶奶，奶奶不走就大叫大嚷。

同样两岁多的默默已经有很多事不想让妈妈帮着做了，"不"已经成了默默的口头禅，但是妈妈却经常不理会他。在吃饭的时候，默默经常想抢勺子自己搅拌，妈妈却嫌孩子总把碗打翻，决定再喂一段时间。妈妈渐渐发现，只要一到餐桌上，默默就很容易气急败坏，他常常把食物吐出来，还总是生气地把妈妈的勺子和碗都打掉到地上。

孩子在言语之外，尤其是熟练掌握口语之前，会用声音、动作和情绪表达自己的想法，音调的高低可能是为了表达重要的程度，翻箱倒柜拆东西只是在进行深入探究，糖糖用推这个动作来表达自己的坚持，希望奶奶不要来打扰自己。但是奶奶不理解糖糖仍然守在一边，糖糖只好用嚷和推的动作来表达不满赶走奶奶。同样，默默把吃饭当成好玩的游戏，不想被人操控，便用不停扭头来表达自己的想法，但是妈妈忽视默默的动作表达，无奈的默默只好用哭闹和制造事端来表示强烈的反对。

孩子努力用动作和并不熟练的语言表达自己的想法，他们自己觉得已经明白告知了，可如果家长不加理会和认可，孩子就会产生受挫的感受和反应，只好用更强烈的方式来表达，而具体的方式常常跟年龄及情境有关，很可能是摔东西或哭闹不止等。

对于较小的宝宝，家长要成为一个细心的观察家，留心孩子的细微动作，判断他们的真实需要。给孩子提出要求的时候应该注意他们的情绪，如果孩子变得消极，更要弄清楚他们的感受和缘由，是没能理解、难以做到？还是正在关注其他事情而拒绝被干扰？简单粗暴地打断孩子的游戏，忽视或者漠视孩子的情绪，常常是引发孩子耍赖闹脾气的真正原因。

发现言辞背后的真实意图

言语发展需要一个较长的过程，有一段时间宝宝会用同一个词代表很多不同的意思，最常见的就是"妈妈"，可能只是招呼，也可能是请妈妈过来，还可能是让妈妈帮忙递东西……刚刚学会几个词汇的宝宝，可以把一个字或一个词运用到十几个不同的场景中来代表不同的含义，可能只有亲身参与育儿的家长才能真正理解，而现实当中假如爸爸或其他家长很少参与育儿，那么就很难听懂宝宝的言辞，需要懂得孩子言辞的人进行翻译。

一岁多的萌萌刚开始冒话，能说的字词不多但是通过变化语调配合动作，妈妈已经能够比较清楚地明白她想要干什么了。她着急的时候通常只会讲两个字"嗯"和"啊"。"嗯、嗯"一般是需要帮忙的意思，有时是需要妈妈帮忙拿东西，有时是需要妈妈帮忙打开瓶子，有时是需要妈妈抱她去洗手池玩水……如果萌萌"嗯、嗯"了很久，还是得不到准确的帮助，就会发出语调很高的"啊！啊！"再伴随小手挥舞小脚乱蹬的动作，告诉妈妈："你理解错了，我很生气。"但是爸爸对萌萌的这套语言逻辑就非常陌生，所以和爸爸在一起，萌萌"啊！啊！"大叫的情况非常频繁，每次妈妈听到萌萌不断"啊！啊！"就知道出了状况，只好放下手中的活前来解围。

然而随着孩子能说的词语逐渐增多，家长时常会放松了辨识语境，忽略了换位思考，单从表面上解读往往会南辕北辙，比如带孩子去商场，看到玩具时孩子说"就看看"，你会理解为孩子真的只是看看而不想买吗？当他就在那里坚持一直看、不肯走时，你会有什么反应呢？在孩子的"算计"当中，爸妈同意看看就是同意购买的前奏，同意多看看就是可以买的机会看涨，待他燃起熊熊的希望之火时，家长突然刹车或掉头，孩子失望之余也许就只剩耍赖这一条路了。

亲子之间的误解更多地发生在"承诺"上，孩子埋怨家长背信弃义，或者家长训诫孩子需要遵守诺言，闹得不可开交的背后，常常就是双方对当初的说辞或承诺具有完全不同的设定。

为了让两岁的琳琳喝奶，妈妈想了很多办法，直到发现在看动画片的时候，琳琳可以顺利喝掉整整一瓶奶。妈妈想，可能是因为动画片分散了琳琳的注意力，让她忽略了她不喜欢的奶粉的味道。于是，每次妈妈让琳琳喝奶时，就会同意她看动画片，直到喝完奶，才会关掉电视。于是，"一边喝奶，一边看电视，喝完奶就要关掉电视了"成为妈妈和琳琳之间的约定。

有了这项约定，妈妈着实轻松了一段时间，只要把电视机打开，再给琳琳一瓶奶，一集动画片看完，奶也喝完了，皆大欢喜。但是好景不长，琳琳渐渐地越喝越慢，开始不到一集动画片的时间就能喝完一整瓶奶，后来变成两集动画片看完才能喝完，最后变成动画片一直在看，奶却只喝了一点点。妈妈感到很恼火，又是劝说又是警告，想让琳琳明白：第一，喝奶才能身体好；第二，动画片可以看但是看多了就不好，假如两集动画片看完仍然没有把奶喝完，以后就不能再看动画片了。对妈妈的要求，琳琳每次都很快答应，但是下次依然如故。

有一次，两集动画片播完，琳琳的奶瓶里还有大半瓶奶，妈妈生气地关掉了电视。琳琳见电视关掉了，大声抗议："喝完奶才关电视！"妈妈这才明白，琳琳对她和妈妈的约定的解读正好相反。

在琳琳的世界里，喝奶时间等于看电视的时间；在妈妈定义里，喝奶才是重要的，是这段时间的主体，看电视只是不得已的奖励手段。而在琳琳的定义里，看电视更重要，同意喝奶只是可以看更多电视的手段。一项约定，在父母和孩子的定义里完全不同，这样就出现所谓孩子违反约定，或者父母违反约定的情况，谁都觉得是对方犯规了。

孩子考虑问题遵循简单直接的原则，他们开始兜圈子耍滑头往往是跟家长互动或者"斗争"的结果。家长提的要求或者跟孩子做的约定，为了避免分歧，越简单明确越好，比如喝完奶了就可以看一集动画片，要比喝奶时才可以看动画片明确得多。

开开和妈妈去购物时，看到了一家游乐园。开开很想到游乐园玩，但是妈妈看到里面人很多，怕发生什么状况，所以不同意。开开为了让妈妈打消顾虑，主动承诺："我进去玩一会儿就出来而且一定不乱跑。"妈妈见他说得这么干脆，便不得不同意了。可是刚一进去，看到花花绿绿的游乐设施，开开就有点儿把持不住了，妈妈在一旁不断大声提醒开开注意这个注意那个。

家长要求孩子做出承诺的时候，需要注意一点，孩子很可能会为了达到自己的目的而满口答应。孩子为了要解决眼前的问题，实现眼前的目标，答应家长的要求只是服务于当下的手段，他们很少会特别关心承诺本身，何况孩子还会明显受到环境的左右。待日后家长翻出"旧账"来跟孩子理论时，他们则一定会彼一时此一时地进行应对，当初"承诺"背后的"初心"跟承诺内容本身其实根本就是两件事。

家长应该根据孩子的年龄特点和发展水平进行沟通和提出要求，孩子活在当下，父母就不能"空谈理想"，深入理解孩子的想法和做法，才能放弃不适宜的期望，才能事先防范失控的局面，也才能避免"秋后算账"时孩子耍赖的尴尬局面。

先假定耍赖源于信息的误读

没有哪位家长会喜欢孩子耍赖，其实，也没有哪个孩子会以耍赖为乐，正如我们反复提醒父母的：孩子耍赖发脾气总有他们的缘由，大多是不得已而为之，即便是那些习惯于耍赖的孩子，也一定是受到了某些刺激才会开始"表演"的。

有时候耍赖是一种情绪反应的结果，孩子先因为某些不顺心产生了不好的感受，消极的情绪积聚起来张力越来越大，需要找个出口释放出去；有时候耍赖是一种诉求的手段，孩子有某种想法或者需求，一时找不到更好的方式表达，干脆先耍一通看看效果如何。

如果家长只是盯着耍赖行为本身，要么根本控制不住，要么只能控制住一时，治标不治本，所以建议家长一定要寻根溯源，先假定孩子属于误读信息或者失误操作，急着阻止孩子之前，努力找准问题的关键所在。

说孩子误读信息，意思是说他们原本不必过于紧张、担忧，比如有小孩子摔了跤会发脾气，既是怪罪地不平，也是埋怨家长没有保护好自己，更是摔倒时吓了一跳，只要家人淡定回应，孩子发现摔一跤也没那么可怕，下一次就犯不着过度反应了。另外一种误读，指的是孩子会错了家长的意思，误以为是因为自己耍赖了爸妈才满足了自己，哪承想即使没有耍赖，目的一样可以达到，比如父母带孩子去动物园，原本就想给孩子买个礼物带回家，可孩子最初以为看动物不是逛商场，只能空手回家，于是试着闹一下，结果还真就得了个礼物。类似误读误解的经验，会让孩子再次重演耍赖的伎俩。

说孩子失误操作，意思是他们一时没有找到更好的办法"驾驭"家长，信手拈来试图用耍赖逼迫家长就范，但这个办法没有马上奏效，孩子就添油加醋闹得更凶了一些。人们的心理活动有一个有趣的逻辑——就是自己投入的越多就会期望得到越多，而且希望落空之前会倾向于继续投入，成功人士和犯罪分子常常是两个极端的范例。孩子也不例外，一旦开始闹腾便很难中途刹车，大有"不成功则成仁"的架势。

无论前述哪种情况，本质上都是孩子表达沟通的本领技巧不足，家长若忽略了这个实质，自己也被孩子的坏情绪传染而弄昏了头，亲子双方就更难以有效交流。只有对孩子的情绪和行为加以恰当的疏导和引导，才能从根本上改善耍赖行为的反复重演。

03 寻求亲人关注支持的耍赖行为

世界之大，有些人无缘相遇，有些人擦肩而过，有些人一路同行，也有些人"纠缠不清"，其中缘分亲疏天差地别。俗话说不打不成交，有缘人聚到一起必然会碰撞出精彩的故事，爱恨交织，悲欢离合。孩子与父母就是一生难解的缘，且不说人生百态的离奇，每一个普通平常的家庭中，孩子与亲人的矛盾冲突，就已经足够多彩和令人深思了。

我们总是会给予亲近的人一些"特别"的待遇，很少有人会跟陌生人纠缠，孩子也只会冲着亲密的人耍赖。或许我们应该引以为傲，孩子跟我们要和闹正是因为我们是他最亲的人，而在不同的年龄、不同的时期，孩子寻求亲人关注的耍赖行为背后，实则有着丰富的内涵。

请你见证我已经长大

很多妈妈会发现，宝宝耍赖总是间歇性的，爱闹的宝宝也会有和顺乖巧的时候，温顺听话的宝宝也会有一阵子像变了个人似的，执拗起来谁的话都不听，似乎就是要和大人对着干。有些父母甚至惊呼：这孩子中邪了吗？

　　牛牛两岁半了，最近变化很大，令妈妈有点措手不及。最显著的变化是什么都要自己来。吃饭，要自己吃，如果你嫌他吃得慢或者弄洒了汤，要喂他一口，他马上会吐出你喂的食物，并且大叫着抗议；穿衣服要自己来，奶奶帮他把扣错的扣子重新扣一下，他就生气了，要奶奶恢复原本的样子；洗澡洗头也要自己来，头发洗不干净，一头泡沫就出来了，妈妈要再给他冲一下，他就气得大哭。

　　除了"自己来"，牛牛最爱说的就是"不要"。该吃饭了，妈妈说："把玩具收起来，咱们洗手吃饭吧？"他说："不要！"该睡觉了，爸爸拿出故事书，要给他讲故事，他大喊："不要，不要！"有一次，妈妈要带牛牛去看儿童剧，马上要迟到了，牛牛却怎么也不肯穿衣服，妈妈拿出新外套，问他穿这件好不好？他说不好，妈妈又拿出哥哥送给他的一件外套问他这件行不行？他仍然回答不行。让牛牛自己选，他又选不出来，磨磨蹭蹭直到很晚才出门。到了剧院一看，儿童剧已经开始了，牛牛一看不干了，扯开嗓门就哭起来，一边哭一边喊："从头开始，从头开始！"妈妈没办法，只好带他出去。

　　所谓要赖，我们很难找到一个大家公认的定义，有些妈妈对于孩子不合作行为的耐受力很低，眼中可能到处都会发现孩子在要赖，而另外一些妈妈或许觉得宝宝不顺从是有主见、有个性的表现，在她们看起来孩子只有被逼急了才会偶尔要赖。

　　然而如果你去问问两岁左右孩子的父母，他们几乎会异口同声地数落孩子调皮捣蛋搞对抗，就像上文中的牛牛，他要做的事情，谁都拦不住，父母给帮忙都不行；他要不想做这件事，父母怎么劝也不行，一句"不要"甩出来，九头牛都拉不回。父母要是没有按照他的想法来，他就大哭大闹。很多父母口中的"Terrible 2"即可怕的2岁，也常被称作"第一反抗期"。似乎从2岁开始全世界的小朋友都充满了反抗精神，喜欢跟父母作对。你或许不禁要问：为什么是2岁？为什么孩子都反抗呢？

究其根源，孩子"挑战"家长，跟他们的自我认知和自我意识发展密切相关。小宝宝来到这个世界，最初他们觉得自己跟妈妈就是一个整体，相互依存无法分离，而周围的环境也跟自己融为一体，是真正的天人合一。慢慢地，随着运动本领的提高和认知能力的进步，孩子渐渐发现原来自己是独立的，不仅可以用动作改变周遭环境，还可以调动和脱离家长，这个发展的时间进程恰好在两岁前后。这个时期的孩子自我认知愈发清晰，自我意识空前高涨，他无法按捺内心的兴奋和冲动，迫不及待地想要证明给妈妈看，同时也证明给自己看。

这段特殊时期，孩子最为典型的宣言就是"不"，父母越是禁止他做的事情，他越要做。天冷了不肯增加衣服，下雨天要往外跑，为看动画片不吃饭，家里有许多小汽车还要闹着买，把妈妈的口红涂在镜子上，把鸡蛋打破在地上……熊孩子耍赖起来，绝对是花样百出、层出不穷的。

这种"不"的行为其实表明孩子的自我意识已经萌芽，他有了自己独立的想法，但是又没有足够的语言能力来表达自己，所以他才会用反抗、违逆来宣告自己将要"独立"。

只为考验妈妈的忠诚度

我们已经知道，孩子因为自我意识的发展和强化而追求独立自主，其挑战家长就是为了证明自己和获得承认。同时，孩子也非常渴望柔情，期望妈妈和亲人无论如何都会关爱自己，无论怎样都会对自己不离不弃。大家可能经常谈论恋爱中的女生如何爱"作"，那你有没有注意到其实宝宝"作"起来，丝毫都不逊色？

尚尚是个 2 岁多的小男孩。最近，妈妈发现他特别倔强，遇事自作主张，一点儿都不听话。有一天，吃过晚饭后，尚尚妈妈一边看电视一边跟尚尚在沙发旁玩。尚尚拿来一盒南瓜子让妈妈帮他嗑，他自己在旁边抓着南瓜子玩儿，不一会儿就把南瓜子扒拉了一地。

妈妈看见之后，温言细语地让尚尚把南瓜子捡起来，谁知，尚尚不但不捡，还扬起小手在妈妈脸上拍了一下。妈妈很生气，沉下了脸，严厉地要求他把南瓜子捡起来。以前看到妈妈生气，尚尚肯定会乖乖听话。但是这次尚尚并不买账，对妈妈的要求无动于衷，反而跑去看动画片了。

在接下来近半个小时的时间里，尚尚妈妈恩威并施，想尽各种方法试图让尚尚捡起南瓜子。妈妈威胁说："你不捡起来，我就把你关进卫生间！"尚尚听了，转身就走，理也不理；妈妈跟过去，说："你再不捡，我就把你喜欢的玩具全都没收！"尚尚听后把身边的玩具放进了玩具柜里；妈妈看他仍然无动于衷，只好又威胁说："你这么不听话，不捡南瓜子，今晚你就自己在儿童房睡吧！"尚尚听了大哭起来，跑到妈妈身边，伸着小手要妈妈抱，不抱就又哭又闹，抱着妈妈的腿不松手，极尽撒娇之能事。最后，妈妈又气又恼，不得不自己把洒落的南瓜子捡起来放好，然后再安抚哭得声嘶力竭的尚尚。妈妈心中不免困惑，如此"犟"的儿子到底怎么管教？

前面我们详细介绍了有关亲子依恋的研究，知道了亲子依恋的重要性。亲子依恋关系发展和建立的过程，就是孩子跟妈妈之间不断编织和扎牢情感纽带的过程，其间孩子为了测试及衡量依恋这条心理安全绳的结实程度，就会反复地考验妈妈的忠诚度。

什么叫"铁粉"？就是无论我如何表现，在你的眼里全是闪亮的优点，你都会一片痴心地钟爱我。什么是感情坚如磐石？就是无论我怎样闹熊、耍赖，无论你如何委屈、难堪甚至痛苦和左右为难，你都会一如既往地支持、相信和维护我，对我永不背叛、不离不弃。孩子准备去闯荡更大的世界之前，就是要跟妈妈形成这样一种关系。

与尚尚类似的情况在生活中非常常见。小一点的宝宝探索世界时会不时地回到妈妈身边，希望得到妈妈的安抚，得到之后又会开开心心地继续探索；再大一点的宝宝，会故意与大人唱反调，以吸引家长的注意力，如果父母一直关注他、接纳他，宝宝违逆和耍赖的情况就会少很多；而有一个特别的阶段，孩子会主动"出题"考验妈妈，如果家长的表现不能令他满意，反抗和违逆就会更加升级。

假如幸福来得太过突然，令人不敢轻易相信，孩子就会多要几次，以验证父母态度的真伪；假如父母的反应总是不如所愿，孩子就会变换花样，试试怎样才能将父母"引入正轨"；假如平时父母对自己陪伴不够，孩子就会多闹一阵，力争多享受些父母的关怀和劝慰。总之，孩子并非为了耍赖而耍赖，他们是变着法想要夯实亲子依恋的关系。

要做规则的坚定捍卫者

有人说人生就像一场旅行，每一程都有各自的风景。孩子的成长也是如此，每一个时期都有特定的发展任务，每一个时期都有特定的行为表现，就连哭闹耍赖之类不那么光彩的"熊样"，也带有阶段性的标签。

三岁笑笑的妈妈最近很头疼，逢人就抱怨自己女儿的"虐人"行为。家里门铃响了，笑笑非要自己去开门，还没等她到门口，在门边玩的哥哥随手打开了门，于是笑笑大哭起来，非要客人先出去，关上门，重新按一次门铃，她来开门，这才罢休。

看动画片的光碟，一集的内容必须从头到尾连贯看完，如果中间被打断了，那么就必须重来，从头开始看。另外她还有一些令人哭笑不得的爱好，因为喜欢蓝色，什么东西都要蓝色的，买的吃的必须是蓝色包装的，若不是蓝色的，她就会生气，用的杯子如果搞错了颜色拿给她，她也会大闹一场。

最近笑笑的执拗行为让妈妈很头痛，妈妈带着笑笑去接哥哥放学，走到半路，看到爸爸已经把哥哥接回来了，笑笑马上发怒了，闹着要爸爸走开，要妈妈把哥哥送回到学校门口，再和自己一起接哥哥回家，回到家之后爸爸才能回来。

还有一次，妈妈带笑笑去菜市场买菜，去的时候从小区穿过去，回来的时候因为要收快递，就走了另外一条路回家，笑笑看妈妈"走错了路"又生气了，大哭着要妈妈重新走一遍，妈妈拗不过她，只好拿着快递，带着一大堆东西，原路返回。

奶奶来看望笑笑，给她带了一个大面包，她抱着面包正吃的时候，奶奶逗她说："奶奶掰一块，你舍得吗？"说着就掰下来一小块。笑笑见状，大哭着要奶奶把掰下来的那块安回去，不管妈妈怎么哄劝都不行。

秩序感和规则意识是孩子认知发展和社会性发展的一个交叉点，对孩子的成长具有特定的意义。通过对周围环境的观察以及对身边事物的"玩弄"，孩子渐渐发现事物之间具有奇妙的关联，比如有些事情会遵循一定的顺序发生，有些东西带有某些特定的属性。他们会对自己的发现感到既紧张又兴奋，在继续探究和发现的同时，孩子也会在游戏中尝试建立自己的秩序。你会发现，三五岁的孩子特别喜欢把玩具和物品摆成一排，或者列成特定的阵势，然后坐在一旁美美地欣赏。

随着认知感受逐渐明晰，孩子甚至会有一段时间强烈地追求秩序感，对于物品摆设的位置、动作前后的顺序、物品的支配归属等甚至提出近乎苛刻的要求，正如上文中的笑笑要求按照固定的规则进行某项活动一样，一旦发现秩序遭到挑战或破坏，就会感到明显的不安和焦虑，甚至会产生激烈反应。假如父母有意无意地扰乱了秩序，孩子就会耍赖执拗地进行对抗，希望复原到他们心中理想的样貌。

发现的秩序和规则会迅速被应用到社会生活当中，孩子开始明确地产生规则意识，认识到做事情应该遵循程序，打交道需要遵守规则……这些都可以看作孩子进入社会生活的准备性练习。他们不仅非常注意发现和总结规则，同时也会乐于主动创造一些规则。

家长千万不要小看秩序与规则对于孩子成长的意义，它们带给孩子的不仅是安全感受的加深和认知效率的提高，更会令他们感觉到自己成为被社会接纳的人。当孩子因为秩序或规则遭受破坏而发脾气时，家长切不可冷漠旁观，更不能贬损孩子小题大做，而应积极配合孩子，支持和维护孩子心目中的秩序与规则。我们可以换个角度来理解孩子的表现：他们正在努力担当社会的卫士，为此耍赖发脾气实则是"疾恶如仇"的表现。

04 缺乏安全感和心理焦虑导致的耍赖行为

曾几何时"放养"孩子成了一种时尚的做法，一些父母以"给孩子自由"的名义而疏于陪伴，父母或忙于自己的事业或忙于自己的生活，把孩子交给老人或者保姆便转身离去。

正如我们在上一章中介绍的心理学相关研究和发现，孩童时期的母爱剥夺以及依恋缺失很难进行弥补，将来可能导致严重的心理行为问题。小的时候，孩子会因为安全感缺失而耍赖，你可以把它理解为警示信号，他们是在提醒家长——我害怕、我无助、我需要陪伴、我需要关爱和温暖。

可悲的是现实当中却有数量庞大的留守儿童，不仅仅是在农村，在城镇、都市也能够发现被父母丢在一边的孩子，他们或许衣食无忧，但是父母有没有想过孩子的心理感受？他们嘴里虽不缺饮食，但稚嫩的心灵却缺少一些关爱的"乳汁"；他们身上并不缺少四季的服装，但渴求温暖的心灵却缺少一件情感的"保暖衣"？

一个人心理健康的基础就是安全感，缺乏安全感几乎无可避免地会导致焦虑、自卑，不但影响学业、工作和社会交往，对亲密关系和婚姻家庭都会产生严重的不良影响。成年人的很多心理问题，究其根本都是童年时期的安全感缺失导致的。令人细思极恐的是，童年时期埋下的心理阴影或心理伤痕不仅会困扰一个人一生，而且还会通过各种方式，演绎出各种代际传递的悲剧。

安全感缺失的孩子"耍"可怜

你有没有想过为什么安全感对孩子而言那么重要？如果只用一句话解释，应该就是——假如失去了安全保障，危险袭来时可能直接就要了孩子的命。仔细琢磨琢磨，这话虽残酷，但道理就是如此。孩子很明白自己的处境，所以他们会把安全感看得极为重要，家长可以设想一下：当我们面临严重且未知的威胁的时候，唯一强烈的感受和反应就是高度的惊恐和警觉，哪还有闲暇顾及游戏和交往？哪还有机会体验快乐和成功？

柔柔妈妈最近很苦恼，原因是已经三岁的女儿柔柔上幼儿园之后，自己接连被幼儿园老师留下长谈。老师说孩子似乎还没准备好上幼儿园，在幼儿园的时候不断地哭闹，自理能力也显得非常差，几乎全天都无法配合任何活动和游戏。

柔柔从小在农村奶奶家长大，妈妈在她两岁的时候把她接回城里，环境的改变让柔柔非常不适应，心有愧疚的妈妈精心照顾了柔柔一段时间，此后柔柔变得非常依赖妈妈，而且越来越黏人，见到外人时她不敢开口，总是往妈妈身后躲。妈妈带柔柔去朋友家做客，她也总是拉着妈妈的衣角不松手，谁和她说话她也不爱搭理。

妈妈本以为等到上了幼儿园一切就会有所好转，但没想到入园之后孩子的反应这么强烈，自己频繁被老师叫来长谈。为了让孩子适应幼儿园的生活，妈妈在家想了很多办法，循循善诱，答应给予奖励，也努力培养孩子的自理能力，但是只有一个原则妈妈在咬牙坚持，就是柔柔再哭再闹，也必须坚持每天去幼儿园。

于是，每天早上柔柔妈妈都像打仗一样应对着柔柔的大哭大闹，艰难坚持了一个月之后，柔柔非但哭闹的状况没有好转，还在幼儿园被传染而生病了。柔柔妈妈工作很忙没法请假，于是请奶奶来帮忙照看一段时间，这一休就是两个星期。

等柔柔终于好转了，妈妈准备继续送她去幼儿园，奶奶也要回老家去了。谁知道新的麻烦出现了，柔柔说什么也不让奶奶走，撕心裂肺地喊着："不要妈妈！不要妈妈！"然后死拽着奶奶不放，还非要跟奶奶回老家，这下可让全家都犯了难。

严重缺乏安全感的孩子跟寻求关注的孩子不同，寻求关注的孩子是冲着家人要赖，是专门要给亲人看的，所以他们要闹起来更猛更凶。而明显缺乏安全感的孩子没有足够的底气，他们缺少可以信赖的亲人，要赖常是因为无法承受压力引起的。比如上个例子中的柔柔，因为小时候更换过抚养人，她的安全感本来就非常脆弱，在面对上幼儿园的环境改变时，强烈的不安全感又再一次袭来，妈妈的坚持送园让她感到绝望，而奶奶的出现却让她仿佛找到了最后的救命稻草，重温了安全的感觉，妈妈又重新成了那个让她感到不安全的因素。

对待这种要赖最大的忌讳就是采取冷淡对应的办法，那样孩子会沉浸在孤独无助当中很久，当然严厉回应也会加重孩子的心理压力。身为父母一定要意识到，遇到孩子要赖实际是有了重新温暖孩子的机会。如果能够平心静气地关注孩子，同时适度地抚摸轻拍孩子，与孩子进行身体接触，就可以带给孩子重要的温暖的感受。只是请特别注意把握尺度，因为长期缺乏关爱与安全感，对于突如其来的过度"热情"，孩子会很警惕，他也可能因为完全没有接受爱抚的经验而变得不知所措。

分离焦虑是孩子成熟的表现，但是严重的分离焦虑往往提醒父母孩子可能存在安全感缺失的问题。特别需要补充提示：父母一旦意识到孩子缺失安全感，就从现在开始给孩子稳定的陪伴，包括时间、态度、方式等，要让孩子获得可靠的预期。温暖一颗曾经被冷落的心，家长还需小心翼翼为好。

家长在或不在身边，孩子判若两人

已经建立起安全依恋关系的孩子，尽管离开亲人时也会感到焦虑，但他们心里系着一根安全绳，相信即使妈妈不在身边也会时时关爱自己，万一有什么特别的需要，妈妈总会有办法现身前来帮忙，因而离开亲人的时候，他们并不会受到太多的影响。而缺少安全感的孩子，妈妈陪在身边时他们感到安全，所以会放松和大胆一些，一旦妈妈离开自己，因为经验和个性的不同，这些孩子的焦虑感会有很大差别。有的孩子会立刻陷入恐慌焦虑中而嘤嘤哭泣，另外一些虽不明显要闹，但细心观察他们的行为就会发现，他们的行为中有明显的胆小拘谨、退缩懦弱的成分。

有妈妈在旁边时，快三岁的萱萱非常自信勇敢，她可以很快和小朋友玩到一起，和这些小朋友的父母也能流畅地交流，妈妈让她有礼貌地叫人，萱萱也能表现得很好，大家经常夸奖萱萱。

可是一旦妈妈不在，萱萱马上就像换了一个人似的，不和她说话还好，一有人和她说话她就躲闪，谁问她问题她都一概不理，而且有时候一转眼看不见妈妈在身边她就会大哭起来。

快三岁的小朋友已经要做上幼儿园的准备了，但是萱萱只要一离开妈妈，就没法正常和人交流，妈妈非常想让她像其他孩子一样独立上一段时间的预备班，但看着孩子的这种状态，她真的不知道该如何是好。

个性和能力相对成熟的孩子会根据不同的环境调整自己的行为，比如在自己家里表现自在洒脱，而到别人家串门时则表现得腼腆谨慎，不少家长因此而觉得孩子不够勇敢积极，实际上你可以将此理解为孩子善于审时度势，并且根据环境的变化进退有据。

然而缺乏安全感的孩子常常处于心理焦虑状态，他们并不会因为环境的变化而适度调整行为，更大的影响来自家人是否陪在身边。在他们的字典里，爸妈只有近在眼前才有可能关照自己，"人不在心还在"等都是骗人的话。尽管父母在或者不在身边时，孩子的表现大相径庭，但因个性和经验不同，有些是在家人身边时娇气，有些则是在家长身边时胆大。

面对这样的情况，陪伴是解决问题最重要的方法，父母不仅要安排时间陪在孩子身边，而且亲子时光不能有名无实，妈妈爸爸不仅人要在，还要"活儿"在，就是跟孩子一起游戏、相互交流。"活儿"在的同时更要心在，就是真心去感受孩子和关爱他们。

即使外表强悍，内心仍然脆弱

并非所有安全感不足的孩子都会表现得很柔弱，有时候孩子表面"强悍"，正是为了掩饰他们内心的脆弱。著名心理学家埃里克森认为，孩子在每一个阶段都会有特定的心理冲突，孩子可以通过积极化解心理冲突而获得进步，也有可能陷于消极应对冲突的境地从而影响日后的发展。

耍赖这个词或许包含了两种不同的行为倾向：耍是一种相对强势的捣蛋行为，而赖是一种相对弱势的撒娇表现，无论孩子偏向于其中哪一个方向，还是间或掺杂两种不同的表现，都是内心焦虑的体现。

四岁半的大祥是出了名的"坏"孩子，他是孩子群里的"小霸王"，谁要是不听他的，他就要抢东西，有时候还会推搡别人。比如，他看到一个小朋友的玩具汽车很好玩，就走过去一把抢过来，自己玩了起来，根本不管对方是不是愿意分享。

但是大祥抢玩具，并不是每次都那么顺利，比如遇到邻居小美那样的小朋友，他就没了法子。有一次小美拿着闪光的魔法棒玩耍，大祥看到了，便如法炮制上手就抢。小美虽然是女孩，但一点也不畏惧他，紧紧地抓住自己的魔法棒，并一把推开大祥，大声呵斥他："你干吗抢我玩具！你走开！"

大祥瞬间被小美的呵斥吓愣了，几秒钟后才缓过劲儿来，他突然转身跑到妈妈那里，玩命赖着妈妈，要妈妈帮自己抢夺小美的玩具。妈妈看见平时号称"小霸王"的大祥这么"欺软怕硬"，觉得又好气又好笑，不知应该怎样应对。

有的时候孩子需要通过强势的表现来达到心理平衡，缺少亲人的关爱和保护，那就得让自己变得凶悍，这样才能保证自己的安全。假如日常生活中，他们有机会接触到类似的"榜样"——无论是偏好攻击的伙伴，还是粗暴厉害的父母，那么攻击破坏很可能就成为他们主动的选择。还有的时候，孩子是化焦虑为力量，他们往往表现出超越年龄的沉稳和耐力，而当压力积聚到一定程度之后，就会爆发出强大的破坏力，这一类孩子一方面能力很强，另一方面自卑心很重，就像是身体里住着一头"困兽"。

对待破坏捣乱的"强势"孩子，家长切忌采用暴力、惩罚的方法应对，因为这样会加重孩子的不安全感，只能让他们用更加强硬的姿态来保护脆弱的内心。越是这样变相地保护自己，越说明孩子的迫不得已，也越需要亲人去体察孩子的内心，他们需要的是爱和关怀，尽管很多时候或许已经不再奢望。

05 试图逃避问题和操纵家长的耍赖行为

孩子耍赖也会有完全不同的性质。有些时候他们自己很不爽，或愤怒、或忧伤、或焦虑、或纠结，耍赖的时候自己也难过；另外一些时候孩子心里明白得很，耍赖只需要行为激烈，引起家长重视就行，犯不着搞得自己太难过。最典型的情况就是孩子前一秒钟还在大哭，后一秒钟达到目的了就可以破涕为笑，因为这时候他们只是把耍赖当作一种手段，目标实现就可以了。

妈妈带三岁的小石头去游乐园玩，淘气堡、旋转木马、海洋球池、大滑梯……每一个都令他兴奋不已。小石头已经疯狂玩了近两个小时了，而且也到了和朋友约定的午饭时间，妈妈准备带小石头离开游乐园去吃午饭。但是小石头还沉浸在滑大滑梯的乐趣之中，不想离开。没办法，妈妈和他约定，再玩十分钟就走。小石头不假思索地同意了。时间很快就到了，妈妈再一次催促小石头离开，可是小石头又耍赖，说还没玩过蹦床呢，要再玩一会蹦床。妈妈一等再等，在旁边一直好言相劝，但是小石头仿佛没听见似的，自顾自地玩，完全不和妈妈沟通。

看小石头始终不走，妈妈终于忍不住了，开始提高嗓门跟他对峙讲理："说十分钟就是十分钟，你刚才不是已经答应妈妈了吗？！你要这么说话不算话，以后永远也别想再来！"妈妈一边说着一边拽着小石头就往外拖。

小石头仿佛瞬间就被妈妈的怒气"点燃"，挣扎着尖叫起来，他紧紧抓着旁边游乐设施的柱子，任妈妈怎么拖拽也不松手，整个乐园的人都听到他的高声哭喊："我不要走，我还要玩！我不要走，我还要玩！"最后小石头整个人都趴在地上抱紧柱子，妈妈根本拽也拽不动。旁边认识的家长见状赶紧过来给母子俩解围，但是平时一直有礼貌的小石头此时完全油盐不进，无论大家怎么说，小石头依然一边哭一边嚷那两句话——"我不要走，我还要玩！我不要走，我还要玩！"

妈妈看拖也拖不动，吼也没有用，气得一把推开小石头，冲他嚷起来："你自己在这儿吧，晚了这么多约会也赶不上了，你爱玩到几点就几点，我不管你了！"然后作势转身就走，谁想到小石头看妈妈要走，不但没有继续哭闹，还立刻爬起来，一抹眼泪，跟没事儿人一样又开始准备进入蹦床中玩耍，让妈妈在那里进退两难、毫无办法。

面对来自家长的要求、限制或者压力，孩子最简单的反应常常就是置之不理，一副听而不闻、视而不见的样子，能"滑"过去就万事大吉，因为这是成本最低的"消极抵抗"。但是假如父母不肯放过自己，孩子就会持续不断地用自己能想到的极端方式去抗拒，小石头先用拖的办法，时间到了之后又开始用躲的办法消极对抗，最终在妈妈发火的时候，选择耍赖大闹……父母在带孩子的过程中其实经常会遇到孩子的这种"小伎俩"，而且往往会发现，当孩子的各种手段最终奏效的时候，孩子会突然雨过天晴，最后只留下家长气得翻不过篇儿去。

因为事情的起因不同、情境相异，孩子耍赖行为的目标也会有所差异。有时候他们是为了达成目标，担心不温不火地提要求不会得到家长的重视和满足，想要把事情搞得激烈和急迫一些；有的时候他们明白自己犯了错误，担心家长会责罚或惩戒自己，不得已想要先下手为强，闹一闹以阻止家长采取措施。

另外并不少见的情况是孩子不需要任何理由，可以随时随地"信手拈来"地开始耍赖，这往往说明熊孩子已经养成了习惯，无论是一招鲜吃遍天，比如总是大哭大叫，还是"三板斧"循环使用，比如遇到不如意就演一遍，一喊、二摔、三当"坐地炮"，或是不断翻新花样搞创新，反正孩子既往的经验告诉他，只要坚持要、不停闹，家长总会举手投降，自己总能实现目标。

操控家长，满足自己的小心思

其实不少人都有一个毛病，就是所谓的"敬酒不吃吃罚酒"，别人跟他好好商量总也不行，有时候惹急了凶一下、吓一下，他反而能变得顺从。很多孩子也会自带这种小心思，感觉自己平心静气地简单提要求恐怕不行，非得撒泼耍赖又哭又闹，家长才能顺从自己。

为了让小志睡午觉，妈妈随口答应，午觉之后给他买冰激凌。然而午觉之后，小志提醒妈妈该去买冰激凌时，妈妈却怎么也不答应了。这时候妈妈找出一堆理由，"吃冰激凌容易拉肚子""一星期只能吃一次，冰激凌哪儿能老吃啊"。

小志一听就火了，在客厅里就地打滚起来，非要吃冰激凌不可。这时候姥姥赶紧出来问是什么情况，听到原委之后，姥姥立刻说小志妈妈做得不对，言而无信会对孩子产生负面影响，于是一边安抚小志，一边让小志妈妈去买冰激凌回来。

然而事情并没有往好的方面发展，这一次得到姥姥的撑腰之后，小志一天到晚总会提出要求，妈妈不答应就用哭闹来解决，每次都如法炮制，等姥姥看不下去出来打圆场才算罢休。

孩子企图操控家长，可能是为了事，也可能是为了人。所谓为了事，就是孩子想要某个东西，用各种手段去达到目的；所谓为了人，指孩子的真实目标并非是什么具体的东西，而是期望得到家长的顺从反应。而这两种反应通常会互相转换，小志最开始只是为了得到冰激凌这个东西，而看到几次家长的处理方式之后，他逐渐摸索出操控家长的方法，在玩命哭闹之后，总会有姥姥来救场，迫使妈妈顺从或者做出妥协让步，于是家人在不知不觉之间走进了被孩子操控的"圈套"里。

另外，孩子常常会因为一开始对父母的不信任而出现耍赖的行为，他们之所以一定要搞些耍赖的动作，是源于父母答应了孩子的事情没有做到，孩子觉得父母表面上答应了，但其实并不会去做，既然好好商量解决不了问题，得不到自己想要的结果，那就干脆劳心费神地折腾一番。

孩子对于父母的信任是弥足珍贵的，家长千万不要不以为然。很多时候孩子令人恼火的表现，其实都可以归因于家长曾经的失误。没有及时响应孩子的合理需求，却急不可耐地关注孩子耍赖的表现，闹不好就会形成恶性循环。比如小婴儿不舒服刚要哭，妈妈就及时地来照顾和帮助他，孩子就知道自己只要轻声招呼妈妈就会来；而假如婴儿哭泣很长时间妈妈才来照顾，他就会总结为只有哭闹得很凶时亲人才会有反应。原来有些时候父母就是孩子耍赖行为的始作俑者。

想逃避责罚，让家长放过自己

对将要发生的事情有所预期，并且能够事先采取点措施提前防备，算得上是一种能力。随着孩子不断长大，他们对自己的行为可能得到怎样的反馈会有所预期，知道自己违背了父母的意愿或者犯了某些错误，将可能面临责罚，这个时候懂得提前预防其实是孩子发展得好的印证。

两岁飞飞的爷爷喜欢养花也特别珍爱自己的宝贝植物。爷爷曾经从朋友那里得了一株名贵的花苗，在精心养护之下开出了绚丽的花朵。可是有一次飞飞撒欢，把爷爷最爱惜的这盆花搞得伤痕累累，为此遭到爸爸妈妈严厉的教训。后来，每每飞飞对家里的花草发生兴趣的时候，全家人都提醒他要保持距离，只能看，不许靠近，更不能动手去摸。

这一天，飞飞请邻居小朋友到家里来玩，两个人轮流躲猫猫玩得不亦乐乎，其间为了找个新的藏身之处，飞飞就跑到了花架的后面。为了藏得深一点，他蹲着身子拼命往里钻，结果拱得花架移位，上面的一个花盆"啪"地掉到地上摔碎了，飞飞大惊失色，知道自己犯了大错，嗷嗷地大哭起来。

当时在家的奶奶、阿姨和爷爷都被惊到，以为孩子受了伤，纷纷跑过来，上上下下检查一番，见飞飞没有一点磕碰，便告诉他没事的不要哭，可是飞飞却没完没了地呜咽。妈妈、爸爸分别回到家里，家人刚一说起这次事故，飞飞就再次大哭起来，在全家人一个不落地对他进行安慰之后，他才在临睡之前破涕为笑。

遇到大大小小的意外，家长最担心的就是孩子身体受伤，进行全面仔细的检查和细心观察孩子的动作情绪都是必要的。像飞飞这种情况，身体没有任何磕碰但却反应剧烈，实则是一种强烈的心理反应，他因为曾经的经验而担心遭到追究责罚，便不停地哭闹，直到确信每一位家长都会放过自己才平静下来，这算得上启动了高级别的预警机制。

遇到类似的情况，有时家长在确定孩子没有受伤之后，会将孩子的哭闹认定为一种耍赖的行为，这其中有两种完全不同的情况：一种是孩子真的感受到很大的心理压力，他们对于接下来可能面对的危局感到严重恐惧，并且还可能夹杂着负疚感，这时候的"耍赖"表现是合理的，家长需要帮助孩子减压，而不能雪上加霜。当孩子已经认识到问题和感到负疚的时候，家长仍然严厉训诫是很容易产生反效果的，不仅无法让孩子加深认识，还可能把问题导向错误的方向，孩子可能不再就问题本身进行反省总结，而是开始担心、怀疑家长对自己的看法和态度。

另一种是孩子的一种防御机制，他们要展示给家长：你看我都如此可怜了，你们就不要再责罚我了。判断是否属于这种情况的标准就是，一旦父母宽宏大量，孩子立马变脸。如此一来，家长曾经立下的规矩和要求，瞬间就会土崩瓦解，孩子会发现"执法"当中的人情漏洞。要想既保证规矩要求的严肃性，又防止孩子耍赖钻空子，家长需要注意把对待事情的反应和对待孩子的态度区分开来，一码归一码，安抚孩子的情绪和处理孩子的错误之间需要划定明确的界限，只有这样才可以二者兼顾。

耍赖已经成为孩子的习惯

当孩子的耍赖行为已经成为一种习惯，遇到问题想也不需要想，像程序一样瞬间启动的时候，父母一定要好好地反思一下自己，是什么样的经历渐渐造成了孩子轻车熟路，选择这种沟通方式去处理问题的呢？

及时地、无条件地满足孩子的要求是"习惯性耍赖"孩子的家长最爱犯的毛病，这些家长总认为孩子自身能力不足，或是嫌麻烦、碍于面子而无微不至地给予孩子"帮助"。而正是这日复一日伸出的"援手"，让孩子越长大越麻烦，逐渐变成了一个点火就着的熊孩子。

妈妈接果果放学的时候，总要经过幼儿园门口的一个小卖部，果果喜欢喝饮料、吃零食，但在妈妈看来不少小食品的质量都难以让人放心，而且小孩子喝饮料、吃零食也是不好的习惯。这一天，妈妈如常在经过小卖部的时候有意跟果果聊着天，可是前面刚好有个小朋友在跟妈妈要饮料喝，果果一下子蹲到地上不走了，"哎，走啊！"妈妈急着去拉果果。"我又渴又饿走不动了。"孩子头也不抬地说。"一会儿就到家了。"这句话妈妈还没说完，果果一屁股就坐到地上，妈妈知道今天又遇到麻烦了，只好哄他说："那咱们只买一个饮料，其他的回家再吃好吗？"果果毫不犹豫地起身就往小卖部走。

晚上睡前妈妈要给果果洗澡的时候，见他正在沙发上玩 iPad，"快洗澡睡觉了，明天再玩。"妈妈催促着想去拿果果手里的 iPad，果果一扭身随口说"等一会儿"，坐在一旁的爸爸见状急忙援助，虎着脸高声说："不能玩了，时间太长了，快跟妈妈洗澡去。"顺势一把抢过 iPad。

果果无奈跟妈妈进了卫生间，开始找碴儿发泄怒火，"你冲到我的眼睛啦！"果果干打雷不下雨地号啕，然后一会说水凉一会又说水热，还不断地扑腾把水弄得到处都是。妈妈明知他在发泄却也没辙，好不容易洗完了，正弯腰把果果抱出浴缸时，他两腿一蹬使得妈妈歪倒在一边，自己也掉到了地上。这下问题升级了，果果声嘶力竭地哭喊着……最后身心俱疲的妈妈只好委曲求全，让果果回到床上再玩一会儿 iPad。

任何一种习惯，无论好坏都不是立即养成的，父母的点滴回应在其中起着推波助澜的作用，家长每一次妥协和纵容都是培养坏习惯的幕后推手，终于有一天当家长无法接受孩子的毛病的时候，想要立竿见影地解决也是天方夜谭。

果果不能随心所欲的时候直接进入耍赖模式，必定是家长曾经一次次顺从满足"不合理要求"的结果。每一个家庭都会为孩子设立一些规则和界限，以期规范引导孩子的行为，但是面对孩子的抵抗与冲撞，不少家长都会因为心疼孩子或者避免麻烦而自毁底线，这样的做法不仅令自己的权威扫地，也导致肆意耍赖成为孩子的一种行为习惯，长远来说有百害而无一利。

要改变这种局面，家长必须从点滴入手，设立稳定的规则和界限，并且一以贯之地坚定维护。对孩子来说，家长的限制和要求虽然会让他们暂时失去可能的利益，但孩子会根据家长的反馈来调整自己的行为，稳定的规则和界限反倒能让他们感到安全，丝毫不会破坏亲子关系，只是在每一段时间之内不要让孩子同时面对过多的限制就好。

第四章

要避免孩子耍赖，
父母不能做的事情

　　孩子耍赖行为的背后，是内心感受和外界刺激的相互作用以及既往经验的写照。内心足够强大，对压力与挑战的承受能力就强，就不会轻易被环境左右；对家长足够信任就不必用耍赖这种消极的方式寻求关注和支持；若哭闹耍赖可以达到目标，孩子就会反复运用这个"成功经验"。

　　从某种意义上讲，孩子耍赖的习惯一定跟家长脱不了干系。父母对孩子的心理呵护不够，面对孩子的表现反应不当，堪称是特殊的培养，只是培养的不是真本领、好习惯，而是亲子互动的苦果。

01 缺少安全感是心理行为问题的万恶之源

过去，父母对小孩子的教养主要集中在健康、身体发育和智力培养上，随着儿童心理学的发展，现在很多人已经认识到孩子的心理同样重要，甚至更加重要。人的身与心相互作用，成年人的身心疾病就是指因心理的问题导致的身体疾病；对于快速发育成长的孩子来说，身、心、智相互之间的交叉影响就更为深入，心理问题不仅仅伤及当下，而且影响长远。

孩子的心理会对行为产生直接的影响，所有行为背后也都有心理感受和情绪情感的影子，在所有心理因素当中，安全感算得上是最重要的基石，这个基石松散了或者出现了裂痕，将来的心理"大厦"就无法稳固，外表即使华丽本质上也是"危房"，风雨飘摇危机四伏。

安全感是心理健康的基石

很多人都知道著名的人本主义心理学家马斯洛的需要层次理论，他认为人的需要是有层次的，越是下层的需要越要优先满足，下一层的需要基本满足之后，上一层的需要就提上了议事日程。换一个角度解读，可以说基本的需要如果得不到合理的满足，人的心智就会停在较低的层次上难以发展进步。

正如马斯洛所言，心理的安全感是一种从恐惧和焦虑中脱离出来的自信、安全和自由的感觉，特别是一个人现在和将来各种需要获得满足的感觉，安全感是决定心理健康最重要的因素，几乎可以被看作是心理健康的同义词。

无论年龄大小，拥有安全感的人和缺乏安全感的人，在很多方面都有巨大的差别，比如拥有安全感的人相信自己是被接受和喜欢的，对他人会保持友好、宽容、热情、信任；而缺乏安全感的人则相反，他们总是感到受冷落和被拒绝，心中时时感到孤独、焦虑、悲观。拥有安全感的人做事积极，乐于合作，而缺乏安全感的人则行事犹豫或傲慢，不敢也不善于与他人协作。

孩子的安全感来自需要获得及时的满足、需求得到积极的回应、战胜挑战或完成任务的成功经验，以及他人尤其是父母和家人的接纳和赞赏，任何方面的缺失或不足，都会伤害到他们内心的安全体验。

缺少安全感的孩子，长期处于矛盾纠结之中，他们极度渴望得到稳定的关爱，又十分担心遭到拒绝和冷落。无论是面对他人还是应对环境，他们想到的总是威胁和风险，于是做事小心谨慎，好处是认真仔细，问题是探索的冲动遭到抑制；他们看待他人警觉性高，好处是不易受到不良影响，问题是很难相信对方；他们对待自己常常充满矛盾，既要自爱自保，又摆脱不掉自疑自卑……

建立稳定的安全感需要一个过程，缺乏或丧失安全感也不是一朝一夕形成的。当孩子不断尝试用耍赖的办法"邀请"家长与自己互动的时候，通常是安全感不足的初期至中期阶段；假如孩子曾经闹得很凶，但近来开始明显缓解，如此的变化若是因为亲子互动改善引起的，当然令人欣慰，但假如家长并没有任何改观，那就需要特别警惕并迅速采取措施，因为孩子正在失望的路上走向没有安全感的远方，心中蒙上的阴影和铭刻的伤痕将可能"陪伴"他的一生。

成年后的心理行为问题，大多源于童年的安全感缺失

童年的经历很少存在于记忆当中，成年之后很多人都无法"调阅"早年尘封的"档案"，只有少部分人在深度催眠之后能够"穿越"回去"重温旧梦"。儿时的经历不会消失，它们全都躲藏在潜意识里，看不见摸不着，但人们时不时似能感受得到，因为潜意识会戴上面具伪装起来，会躲到"幕后"指挥主人的言行，令人无法抗拒却又不知其然。

不少父母自身从小就缺乏安全感，无论是在生活工作中，还是面对自己的孩子时，总是无法摆脱内在自我的影响，表现出各种各样的症状。

冷漠封闭，做事缺乏激情，不愿意与人交往，与人沟通协作时也表现得冷淡漠然，喜欢我行我素，同理心也明显较弱。这样的父母面对孩子的时候缺少温情，谈论孩子时显得异常理性，总是从自己的角度认识问题，难以换位思考，带孩子好似公事公办。

敏感多疑，待人处事过度关注细节，一点点刺激就能引起很大的心理反应，不自觉地把事情弄复杂，任何风吹草动都可能引起难以控制的担心。这样的父母在照护孩子的时候，很难抓大放小关注重要问题，而是常常在细枝末节上耗费精力，消极应对孩子成长中的变化和波动。

谨慎焦虑，貌似追求完美实则是害怕出差错，遇到一点点问题就会思前想后，非常在意别人的态度，越是想把事情做好或越是想尽快解决问题就越容易焦虑。这样的父母生怕自己做得不好，一旦孩子有不如己愿的表现就会过度反应，却又难以果断处理，眼中看到的进步少，心中担忧的问题多。

自责自卑，对自己提出过高的要求，总是不满意已经取得的成绩，遇到

困难和问题时常会责怪自己。有的时候裹足不前，有的时候又会用力过猛以掩盖内心的软弱，每每看到别人超越自己，心里都会掠过一丝莫名的感伤。这样的父母对孩子有着过高的期望，同时又总是纠缠现实的问题，处理应对容易在两个极端徘徊，很难淡定从容地陪伴孩子成长。

世界上没有完美的父母，每个人都有自己成长的缺憾。早年成长经历中的负能量，一不小心就会"伺机"传递给孩子。爸爸妈妈要培养心理阳光、行为妥当的孩子，就需要时不时反省自己，并努力克服自身的缺陷，不要犯下令自己后悔不已的错误。

02 孩子安全感"杀手"大盘点

孩子的安全感相对来说是挺脆弱的，父母不当的抚育方式就可能破坏孩子的安全感，进而使孩子出现行为问题。下面我们盘点一下常见的安全感"杀手"。

对孩子的需要表现迟钝，不敏感

萧萧妈妈独自带孩子，虽然是个全职母亲，有大把的时间照顾孩子，但她却常常感到时间不够用，主要原因就是她特别担心孩子的健康，无法接受周围环境的混乱和不整洁，所以每天都花大量的时间在家务上。

有时候孩子醒了要妈妈抱，可她正忙于清洁地板，于是只能先让孩子哭一会，等把活干完了，再去照顾孩子；还有的时候孩子正跟妈妈高兴地玩藏猫猫，可她觉得做饭的时间到了，就会把孩子放在一边……跟妈妈的表现密切相关，萧萧从小就爱哭，睡觉也不安稳，动不动就撒娇或小闹一番。

小牛的妈妈也是全职带孩子，但她的原则绝对是孩子优先。孩子一睡醒，她就马上放下手中的活先去回应孩子，一边"哦哦"地说着一边抱起孩子，然后再检查孩子尿没尿、饿不饿；她陪孩子玩的时候总是全心全意的，手机关到静音，连振动模式都不启动，家务事和自己的活动都会等到孩子入睡之后再处理。俗话说栽什么树苗结什么果，小牛的情绪就非常稳定，偶有哭闹也只要妈妈一招呼便会立刻停止。

试想一下，如果我们去到一个陌生的国度，不知道那个地方的风土人情和行为规则，向周围的人打听咨询，可没有人能够听明白，得不到及时的帮助和回应，那会是什么感受？每个孩子的生存和发展都离不开家长的帮助，如果连最可依靠的人——妈妈都不理解自己，做什么动作、有什么眼神和情绪亲人都看不懂或者不在意，有需要时也经常遭到误解……孩子的心里会是什么感受？

妈妈对孩子的需要不敏感，时常张冠李戴、指鹿为马，甚至不闻不问、冷漠忽视，孩子就会时时担忧自己，就无法获得安全感，时间久了，负面体验多了，就一定会对自己和他人都失去信心。在这样的心理之下，如果孩子哭闹要赖，说明他尚在努力抗争，仍然怀有一丝希望，而一旦他安静了，不再要闹了，那问题就极为严重了，说明孩子的信心和安全感可能已经丧失殆尽了。

父母经常争吵，家庭气氛紧张

家庭氛围像是孩子成长环境中的气候，如果父母经常吵架甚至有肢体冲突，就好比一个地方飓风地震不断，会严重破坏孩子建立心理安全感的基础，在孩子幼小的心灵埋下阴影，导致严重的后果。

瑞瑞从小就生活在父母的"战火"中，她常常被爸爸妈妈的高声争吵吓得大声哭泣，甚至做梦的时候都会失声尖叫。尽管父母平时还能关心孩子，但是进入争吵模式的时候，谁也没有意识和心情去关照一旁哭泣的孩子，更有的时候，她还会成为父母"战争的道具"，妈妈有时会粗鲁地把她抱起来，然后猛然推向爸爸，有时父母会说再哭就把她扔掉。

瑞瑞在幼儿园总是躲到一边，不敢和别的小朋友玩，不敢回答老师的问题。回到家里，瑞瑞经常说自己这里不舒服，那里不舒服，因为只有在生病的时候，她才能多得到一些妈妈的亲近。

而瑞瑞的妈妈也是单位里的边缘人物，她缺少自信，不敢承担责任，遇到问题总是感到束手无策，被上司批评的时候虽然略感难堪，但她同时会感到一种莫名的"充实感"。追根溯源，瑞瑞妈妈的原生家庭就是风雨飘摇的，父母时常吵架甚至大打出手，她坦承自己只有在吵闹之中才能感受到存在和力量，但过后又会陷入自责和懊悔中，尽管知道这样对孩子不好，可是遇到问题时难以控制自己。

环境对人的影响表现在方方面面，而且根深蒂固。在父母争吵之中长大的孩子，常常会感受到自己的孤单和渺小，在天灾人祸面前完全是无力的和不被重视的；有的时候父母的冲突还难免殃及池鱼，令孩子受到言语的威胁甚至是直接的伤害，在孩子看来，世界上就没有可以安全栖身的港湾。

然而孩子对安全和关爱的渴求本身并不会减少，他们只能转换方式，用引发矛盾或者扮演弱者的方式来引起亲人的关注和重视，而在社会环境当中他们却更多地成为边缘化的弱者。更加可怕的是，这种从小遭遇安全威胁的经历，还很容易通过代际传递而不断延续下去。

家长态度行为多变，不可预期

但凡作为基础的东西大概都需要稳定和坚固，安全感是心理健康的基石，奠定这个基石需要一个过程，也需要不断进行夯实。假如父母的态度或行为总是起伏不定的，那么孩子的安全感就很难建立起来。小孩子不喜欢某些惊喜，家长的突然变化，往往会让孩子受到惊吓。

念念在妈妈眼里除了有些黏人和偶尔心神不定，其他方面都挺好。有一次妈妈带念念去逛街，答应如果看到好玩的新玩具可以买给他当作礼物。到了商场的玩具店，念念转来转去看中了一辆玩具车，妈妈一瞧，这车跟家里有的差不多啊，于是便说："你都有那么多车了，挑个别的玩具吧。"母子二人一个说这辆车不一样，是新款式的，另一个说这两辆车差别不大，结果两个人争执半天，在孩子一通耍赖之后，妈妈买了辆稍小的玩具车作为妥协，两个人谁都有点不痛快。

不久以后，妈妈又带着孩子到商场玩，到了玩具店的时候念念妈妈突发奇想，她趁儿子不注意时偷偷躲了起来，"这回我让你找不到妈妈，看你还怎么耍赖，顺便也锻炼下胆量和应变能力吧。"念念开始还在玩具中穿梭，没多久回过神来左右环顾竟然找不到妈妈了！他开始大叫一阵，没有回音，之后又开始焦急地四处寻找，一边走一边哭，脸上满是恐惧，最后蹲在地上哇哇地大哭起来。妈妈忍了一会儿见周围关注的人越来越多，急忙出来"想给孩子个惊喜"，哪知道念念看到妈妈便连踢带打哭得更凶了……从那以后，念念还添了个"后遗症"：不再敢自己做事，一个人不敢上厕所，也不敢独自进房间，出了门则死死地揪着妈妈的裤子不放。

没有任何一位家长会想着破坏孩子的安全感，但是现实中的父母却时常会做出类似的事情。孩子是多变的，他们总会受到环境的影响和情绪的左右，表现为兴趣忽左忽右、行为飘忽不定，这是成长过程中的波动，无可厚非。但是家长需要保持态度和行为的稳定，假如父母喜怒无常，行为方式捉摸不定，孩子便会不知所措，会感受到强烈的危机，久而久之，就会导致孩子出现黏人、退缩、撒娇、耍赖等倒退表现，而心理基础的松动还会进一步伤害到心智发展的其他方面。

为让孩子听话，时不时威胁恫吓

孩子调皮不听话，常会让家长觉得无奈甚至抓狂，于是如何控制和教训孩子也就成为妈妈们在一起最经常切磋的"技艺"之一。在一个育儿早教沙龙上，大家七嘴八舌地讨论着对付熊孩子常用的方法：

孩子闹着要吃冰激凌——再吃冰激凌就会拉稀、生病，其他什么都吃不了、玩不了啦；

孩子在商店为了买玩具撒泼哭闹——再哭就通知保安叔叔把你关小黑屋了啊；

孩子总是抢小朋友的玩具——再抢玩具的话，就让警察把你当抢劫犯抓起来；

孩子不喜欢刷牙或睡前要吃东西——睡前吃东西不刷牙的话，三更半夜会被老鼠和虫子咬嘴巴；

> 孩子不肯睡觉——不乖乖睡觉的话，大灰狼会从窗户跳进来把你吃掉；
>
> 孩子喜欢接话茬、说脏话——谁要是乱讲话，就把谁的嘴巴缝起来；
>
> ……

有没有发现家长的这些说法其实很不友善？用不好的行为制止不好的行为，属于以暴制暴、以恶制恶，通常会有两种结果：第一种是根本没有效果，任凭家长怎么威胁吓唬，孩子知道"噩运"不会降临，依然我行我素，弄得家长无计可施，更严重的是丧失了家长的权威，家长日后想要管教孩子会很难办。

第二种是孩子因为害怕而顺从，表面上行为得到了纠正，殊不知如此"可怕"的手段之所以能够奏效，是它可以引发孩子的恐惧情绪。经常使用的副作用就是伤害甚至摧毁孩子的安全感，在孩子幼小的心里埋下对他人、环境和世界不信任的种子，影响孩子的心理健康。

有意或无意地总怀疑和否定孩子的能力

孩子任何的本领都需要一个不断学习练习的过程，开始的时候他们有兴趣却做不好，但是愿意不断努力尝试，然而很多家长不能坦然接受孩子学习过程中的失误和延迟，自觉或不自觉地提供过度的帮助。殊不知这样做其实等于剥夺了孩子成长锻炼的机会，待父母希望孩子自力更生的时候，又因为错过了最佳时期，孩子常常不想学也不去做了。

甜甜八个月的时候想要自己抓着食物吃，但是妈妈却笑着把食物挪到她够不到的地方，并说："你还不会自己吃呢，妈妈喂你吃。"

一岁的时候，甜甜非要自己拿勺子吃饭，结果自己的衣服、餐椅、地板都来"分享"了美味。妈妈不顾她的哭闹反对，强行抢走了她的勺子，"等你长大了再自己来哈"。

两岁的时候，甜甜执拗地要自己穿鞋子，可又总把鞋子穿反了，妈妈不停地说："你还不会呢，看看穿反了吧！妈妈给你穿吧。"

三岁的时候，甜甜自己往身上冲水洗澡，弄得卫生间里到处都是水，妈妈抢过她手里的喷头和小塑料桶说："洗澡的时候坐着不许动。"

同时另外的情景也在反复上演：孩子两岁半了还不肯自己吃饭，妈妈说"都这么大了还让妈妈喂，真是个小笨蛋"；上幼儿园后自己不会穿衣服，老师叮嘱回家多练练，妈妈一边教孩子一边说"别的小朋友都会，怎么就你不行呢"；六岁上小学了，孩子洗澡还得要大人帮忙，妈妈生气地说"要妈妈伺候你到什么时候啊，自己就不能努力学学"……

比起支持孩子不够，更多的家长可能会做过头，或是过度保护，或是包办代替，其背后的潜台词就是——孩子还小，能力有限，他们做不到。父母的观念、态度和行为会对孩子产生持续的影响，你越是觉得孩子本领不够，他还真就难以变强。

更加危险的是，父母如果有意无意地"看扁"孩子，还会潜移默化地给孩子造成心理暗示——我不行，我什么都做不好，离开爸爸妈妈的帮助我会遇到很多困难和危险，而且我自己恐怕也应付不了。如此反复上演的心理暗示像水滴石穿一样，每一次似乎微不足道，然而累积起来的力量却足够摧毁孩子的信心和安全感。

然而，更加糟糕的是，当孩子长大以后，父母的预期和要求有了转变，父母会觉得孩子应该自理自立了，却突然发现孩子竟然有太多的事情不会做，太多的事情做不好，于是又恨铁不成钢地批评、鞭策、唠叨、施压。而在孩子看来，父母从小到大都在怀疑自己，先是觉得自己不能干，后又埋怨自己干不了，况且他们已经记不起来小的时候自己曾经跃跃欲试不断努力的样子，只感受到现如今的力不从心，为此就可能自己怀疑自己、看低自己，甚至走向自卑或自暴自弃的深潭。

以教育的名义，打骂孩子

认为打骂孩子天经地义的父母现在越来越少了，但是打骂孩子的现象却并不少见，其中除了少数人敢于承认是自己情绪失控导致的，更多的家长则会狡辩——打骂孩子是为了教育孩子，是为了他们好。

4岁的淙淙不是一个人见人爱的孩子，小朋友们都不喜欢他，因为他特别爱打人，一言不合就动手，而且有时候完全是无缘无故欺负人。有一次在幼儿园，小朋友排队去户外玩，站在队伍最后的淙淙故意使劲往前推，把前面的三个小朋友都推倒了，老师把淙淙叫到一边问他为什么要这样做，他只垂着头不说话。

晚上老师把这件事告诉了来接淙淙的爸爸，不料这位老爸没问青红皂白，抬起腿就踹倒了淙淙，要不是老师及时拽住了，还不知道淙淙爸爸如何收手。

事后，老师从淙淙妈妈那里了解到，淙淙一犯错就会被暴脾气的爸爸拳脚相加，因为这位爸爸相信"打疼了才能长记性，这是为了孩子好"。

常常有家长会问：孩子究竟能不能打？第一，伤害孩子是绝对不可以的，即便是亲生父母虐待孩子也是违法的，因为体罚常常导致严重的身心伤害；第二，如果不会伤及孩子，只是象征性地打两下，往往不会有任何好的效果，相反，可能带来很多副作用；第三，用惩罚的办法调教孩子的行为，是一项技术含量非常高的教育技巧，若没有经过专门培训并充分理解儿童心理和行为矫正技术，还是不要滥用为好。

一般来说，时常打骂孩子会带来明显的危害，比如个性倔强的孩子会产生对立情绪，进而演变为抵抗攻击的行为模式，影响到社会适应和人际关系发展，甚至长大后发生离家出走、反抗社会等严重问题；个性顺从的孩子会因为挨打感到恐惧害怕，行为上屈从的同时在情感上慢慢疏远，并且自尊心受到伤害，产生自卑自怜的倾向；还有些孩子为了避免皮肉之苦，开始通过说谎、欺骗等方法试图逃避体罚，逐渐养成欺软怕硬、两面三刀的行为方式，变成不被社会欢迎的人。美国儿童教育家海姆·吉诺特曾说："惩罚不能阻止不良行为，它只能使罪犯在犯罪时变得更加小心，更加巧妙地掩饰罪行，更有技巧地防止被人察觉。同理，孩子遭受惩罚的时候，他会暗下决心以后要更加小心，而不是要诚实和负责。"

貌似文明，实际却是可怕的冷暴力

比起直接打骂孩子的"热暴力"，有些家长会选择相对"文明"的方式，就是既不打也不骂，而是没完没了地唠叨或与孩子冷面相对，假如孩子仍然不思悔改、不肯低头，还有静静的小黑屋"伺候"。

4 岁的悦悦有两个不招妈妈待见的毛病，一个是吃饭挑食，关键是他还不是一贯地不吃某种食物，而是在"犯病"的时候总能在当天的饮食当中找出不能接受的食物品种，妈妈问及理由他说不上来，要求吃掉他就哭闹耍赖，这时妈妈就撂下一句话："给你十分钟把饭菜都吃掉，不然就去蹲小黑屋。"

悦悦的另外一个毛病就是撒欢，一旦兴奋指数爆棚就会动手打人，无论是妈妈、小朋友，还是来串门的叔叔阿姨。严格说起来悦悦的打人也不是真正的暴力，看得出来他用手或者手中的物品主动接触别人身体或者脸部的动作并非出于恶意，而是因为小孩子不知轻重，但是在妈妈眼里，这完全是没有教养的表现。为了遏制他这种"野蛮"的行为，妈妈通常的做法就是让悦悦当面诚恳道歉并做出"永不再犯"的承诺，否则就让他去蹲小黑屋。

每次事情闹到妈妈揪着悦悦去小黑屋的时候，他真是哭得撕心裂肺的，而且关进小黑屋之后用不了多久，他就会敲门并大声承认自己的错误，为此妈妈觉得对付这样的熊孩子，只有小黑屋能发挥威力。

现实中我们常常见到父母要求小孩子正视错误、检讨道歉的情景，家长一方义正词严、态度端庄，并没有打打杀杀的凶恶相，而孩子一方常常不知所措，一脸迷茫地左顾右盼。之所以出现明显的反差，实际上是亲子双方看待问题的立场和认识问题的角度不同导致的。

家长的想法是希望孩子明白自己的不当言行错在哪里，要学会认识和改正，并懂得通过道歉而悔过和通过承诺而避免再犯的道理；可孩子关注的是父母是不是真的讨厌自己了，如何化解掉眼前的窘境，以及怎样才能既不丢面子又能赢得父母的欢心。在这样"各怀心事"的对峙当中，父母希望把事件处理干净，而孩子关注的已经不是事件本身。当爸爸妈妈升级声调或以拒绝（离我远点）隔离（关禁闭）为要挟的时候，孩子已经完全陷入亲子双方的信任危机当中，在他们看来事情本身已经无关紧要了。

孩子被父母晾在一边甚至被关了禁闭的时候，你以为他们会按照父母的期望开始闭门思过吗？换位思考一下你马上就能明白，如此一厢情愿的考虑是多么荒唐。孩子被父母晾在一边，被禁闭在黑暗之中的时候，他们会想些什么呢？无非是如何改善眼前的处境。除此之外，不少孩子会在冷暴力之下不知所措，大脑一片空白；思虑较多的孩子则会认真思考——自己会不会真的遭到父母的抛弃。

无论怎样，冷暴力会给孩子带来心理和情感上的巨大压力，这样的压力假如太过强烈或者反复出现，孩子内心的安全感就会被压力排挤出去，他们会切身体会到不被欣赏、不被关爱、遭人厌弃的冰冷与孤寂。

《中国青年报》在2016年11月曾经做过一项调查，结果显示妈妈们"咆哮式"的教育给孩子造成了较大的负面影响："妈妈冲我吼时，我心里可委屈了，有时听着听着，眼泪不由自主地流了下来，觉得她不理解我。"一位在北京的研究生坦言，她小时候特别希望妈妈能听听她的想法，"比如写作业，我不是不写，只是安排的时间跟妈妈的不同，妈妈一看到我玩得时间长一点就吼我，让我很不开心。"

"小学二年级时，我写作文只会用逗号这一种标点符号，我妈经常因为这事吼我，可她吼得越厉害我就越不想写，越讨厌作文。"另一位在上海的大学生说："最初还有些害怕，身体会发抖，后来妈妈咆哮的次数多了，我就免疫了，心想着'听她唠叨完就好了'，有几次我还跟她顶嘴。"

如果父母只是站在自己的立场，而不能从孩子的角度去观察和感受，那么很多做法都不会奏效，甚至会适得其反，对小孩子如此，对大孩子也是如此。

需要再次强调，孩子的安全感是心理健康的基石，建立安全感需要日积月累、"步步为营"，而破坏安全感却简单得多，很多时候父母不经意间不当的态度和言行就可能成为安全感的杀手。家长要"放下屠刀"，必得有强烈的意识才行，为了孩子的心理健康，确实需要不断检视自己的言行。而帮助孩子建立安全感的不二法门，就是父母持续的、稳定的、发自内心的对孩子的关爱，而且是能够让孩子真真切切感受得到的关爱，除此之外其他皆为皮毛。

03 养育孩子必经的几件事，你做错了几件

在孩子成长的过程中，总会有一些必经的重要事项，比如断奶、分床睡、训练大小便、上幼儿园等。在这些重要事项上的经历，会对孩子的心理产生深刻的影响，假如在这些关键时候，父母有意无意地犯了原则性错误，就可能变成诱发孩子耍赖的"罪魁祸首"。

强行断母乳

断奶是宝宝成长过程中的一个重要的转折点，不仅意味着宝宝正式结束从妈妈身上获取营养的日子，还意味着宝宝和妈妈的"二次分离"。断奶这件事处理不当，可能会给宝宝造成强烈的心理压力，进而伤害宝宝的健康和影响宝宝的行为。

思思一岁两个月了，妈妈决定给她断奶。奶奶说，宝宝看到妈妈却吃不到奶，这样惹得孩子哭，大人心里也难受，不如妈妈直接出门几天，孩子看不到妈妈，自然就把奶断了。于是思思妈妈出去躲了一周，女儿的表现令家人大

感意外。妈妈不在的日子，她除紧紧黏着奶奶，与奶奶形影不离外，从未因为吃奶而大哭大闹，这孩子是对母乳无所谓了呢？还是心里明白妈妈不在家，即使闹也没有用呢？

等过了一周妈妈回来时，女儿似乎不认识她了，没有了之前的亲昵，相反倒有些躲避和抗拒，一直纠缠着奶奶。然而到了晚上，她开始爆发了，奶也不吃，澡也不洗，哭哭啼啼弄得大家不知如何是好。妈妈心里本就五味杂陈，这时候亲近孩子几乎就是一种本能，她使出各种办法，给女儿找吃的玩的，又抱又背想要唤回宝宝的心。千番努力之下，思思在大哭一阵之后终于接受了妈妈，但却委屈地使劲往妈妈怀里扎……这时妈妈才恍然大悟，孩子原来诉尽委屈后还是要吃妈妈的奶呀！

然而妈妈就是因为害怕自己反悔，已经断然回了奶，于是只能一直抱着女儿说好话，一个接一个地讲着故事哄她睡觉，结果思思一只手搂着妈妈的胳膊，一只手伸到妈妈衣服里摸着妈妈的乳房才最终睡去。而且从那以后，她一定要摸着妈妈才可以睡觉。就因为这个，娘俩断断续续地斗争到思思四岁半，也没有彻底了断。

鱼肉蛋奶是公认的主要蛋白质来源，而且奶中还含有丰富的钙质，营养学家一直鼓励人们终生喝奶。断奶并不是要孩子不再吃奶，而是不再吃妈妈的奶，所以断奶绝对不是营养问题，而是母子关系问题和心理行为问题。

任何人只要注意一下孩子吃奶的样子，就能明白依偎在妈妈怀里，吸吮着香甜的乳汁该是多么温暖的享受。孩子从妈妈那里收获的绝不仅仅是富含营养的奶水，更是浓浓的母爱和浸入心脾的安全感受。假如妈妈莫名其妙地拒绝让孩子吃奶，孩子会感到疑惑，也感觉受到了威胁，他们正常的反应一定会是想方设法地抗拒，因为他们真的害怕失去妈妈，害怕失去妈妈的关爱。

孩子对于断母乳无动于衷虽然算不上是多不好的表现，但也算不上是值得妈妈高兴的举动。孩子反应强烈会哭会闹，说明他们舍不得妈妈，说明他们相信妈妈会在乎和心疼自己。要顺利断奶，其实就是要有办法让孩子明白而且相信，他们失去的只是那一点点乳汁，而丝毫不会丧失妈妈的爱，如果有了这样的感受和信念，孩子通常就不会大闹了，个别宝宝即使小闹一下也是做个样子而已。

然而，假如妈妈采用消极的办法，比如逃离孩子、在乳头上涂辣椒抹黄连、恐吓孩子不要吃奶等，孩子会更加担忧。在如此大的心理压力下，耍赖哭闹其实比起忍气吞声反倒好些，至少孩子尚可发泄郁闷的情绪，至少孩子对妈妈仍怀抱希望。但无论怎样，处理断奶本身或者应对断奶时孩子的各种表现时，妈妈让孩子感受到的恐惧和不安，很容易造成孩子的行为问题，像退缩、哭闹、吮手指、咬被角、迷恋安慰物等，严重的还会造成更加深刻的心理影响。

硬要分床睡

说起宝宝睡眠问题，相当多的家长都有一肚子苦水。早些时候是哄睡难，过些时候是夜醒、夜闹，或许还有夜奶，再后来就是分床睡或分房睡。每一阶段的矛盾都是反反复复的，搞得家长精疲力竭而且心有不安。

毛毛刚刚三岁多一点，爸爸妈妈专门收拾出一个小房间并告诉他：以后这就是你自己的房间啦，毛毛长大了可以一个人睡觉了。第一天晚上毛毛兴奋地跑到自己的小房间，看着屋子里熟悉的玩具和崭新的床铺，欣然接受了爸爸妈妈的建议——从此开始不再跟爸爸妈妈挤在一起睡觉了。爸爸妈妈喜出望外，没想到分开睡原来如此简单顺利。

然而到了午夜，夫妇俩听到隔壁的毛毛翻来覆去还没睡着，妈妈不放心就悄悄溜进儿子的小房间，正要俯身观看时，突然毛毛伸出双臂一下子搂住了妈妈的脖子，眼泪蹭了妈妈一身，"我不要自己睡，还要跟你一起睡。"儿子委屈地央求妈妈。"咱们不是都说好了吗？毛毛长大了，有自己的房间了，勇敢的小朋友都是自己睡觉的。"妈妈坚持着，心里想若是随便答应回到大床睡觉，就前功尽弃了，搞不好以后会更加难办呢。

毛毛见妈妈没有回心转意，便开始边耍赖边找理由，什么窗外有黑影在看他、床边上还有小虫子……妈妈虽然一阵心酸，但还是坚持说："妈妈在这陪着你，帮你赶走黑影和小虫子，等毛毛睡着了再走，好吧？"毛毛已经有些疲倦了，加上自己已经答应独自睡了，可能也不好直接违背，便只好紧紧抓着妈妈的手，过了好一阵才慢慢地睡着了。

妈妈疲惫地给儿子盖好被子，回到自己房间跟毛毛爸爸简单说说情况就睡下了。本以为事情就此搞定了，哪承想第二天早上爸爸一开卧室的门，发现儿子正蜷缩在门口裹着自己的小被子睡在地上。看到这个场景，夫妇俩都没能忍住泪水，直接就把孩子抱到了大床。看着孩子那副惹人怜爱的样子，俩人面面相觑——要不过一阵子再分开睡？

睡眠对小宝宝来讲，原本是一件很平常、很简单的事——困了就睡，不困就玩。只是孩子的昼夜节奏跟家长的明显不同，需要父母主动顺应孩子；另外孩子的睡眠节奏会不断发生变化：从昼夜不分到昼短夜长，从睡眠时间比较短到周期逐渐变长，从夜间需要吃奶到能够整夜安睡……如果父母的预期跟孩子的变化差异明显，就有产生矛盾的风险；假如家长进行不适当的干预，产生冲突就不足为奇了。

然而，仔细了解睡眠本身发展变化的科学知识，其中并没有关于分不分床和分不分房的问题，不同的家庭有不同的情况，宝宝有能力适应不同的环境。可是相当多的家长都会纠结于"分不分""何时分"，这或许是社会变迁以及网络传播背景下被额外关注的新问题。有人说，一定要尽早分床睡，不然会影响孩子独立性的发展；也有人说，不能强行分床睡，更不能太早分房睡，不然会伤害孩子的安全感。

据我所知，国内还没有严谨和系统的相关研究，而国外确实有专家做过跨文化的对比研究，他们分析了不同民族、不同文化的家长对孩子睡眠的看法和方式，总结分析了什么情况下适合分床睡，对孩子分别有哪些影响等，结论非常清楚：小孩子是否跟家长分床睡主要源于家长的主动选择，而家长选择的主要依据是文化传统；不同的文化在对待小孩子是否应该独立睡眠方面具有很多不同的观点，而孩子上学后和青春期前应该开始独立睡眠是大多数文化的共识；无论孩子早期是否跟家长分床睡，对他们的心智和人格发展并没有特别不利的影响；有些矛盾和问题，往往是家长采取了跟文化传统相违背的做法而产生的。上面的研究结论说得通俗一点就是——小孩子分不分床、分不分房其实都可以，但是家长若为此挣扎纠结就可能出问题。

小孩子是否分床睡甚至分房睡，取决于亲子双方。有些父母不放心孩子自己睡，担心孩子蹬被子着凉，担心孩子夜里醒来害怕，担心万一遇到特殊情况比如蚊虫叮咬等家长不能及时帮忙……在类似的担忧中假如因为冠冕堂皇的理由而强行分床分房睡，父母可能因为情绪紧张而睡不安稳，同时焦虑的情绪也会影响孩子。另外，不同的孩子具有不同的气质个性，也有自己独特的早期经验，一部分宝宝能够自己睡得很好，另一些宝宝则在与亲人分开后就很不踏实，对待后一种情况，如果家长强行要求宝宝独立睡，就可能惹出不少麻烦。

孩子的身心智发展是相互交织、相互影响的，尽管他们有很强的适应能力，但仍然有两怕：一怕家长搞突然袭击，给自己来个"措手不及"；二怕家长反复无常，时而冷酷拒绝，时而又心软妥协。假如被突然或强行要求独立睡觉，有些孩子会对黑夜产生恐惧，有些孩子会对与亲人分离感到焦虑，这样他们很难睡好，或辗转反侧，或噩梦连连，睡眠质量明显变差之后，情绪必然会受到影响，孩子便会产生各种耍赖的行为，若这样的情况不能得到及时调整和改善，积累下来便会对健康发育和心理个性产生长久的消极影响。

过度训练排便

有人曾说：这个世界上就属中国的家长最喜欢把屎把尿训练大小便了。且不说这个观察可靠程度有多高，但说到因训练便便而引发的问题，的确不少。很多家长发现开始时把屎把尿很容易，可怎么后来宝宝却"打挺"抗拒了？好不容易训练宝宝坐便盆，怎么过一段时间他们又不干了呢？

闹闹的姥姥很喜欢带小孩，更喜欢向朋友邻居传授育儿经验，她还自认有一个拿手绝活儿，就是给小宝宝把尿，绝对是一把一个准。闹闹不足百天时，姥姥就开始尝试把尿，双手分别抓着宝贝胖胖的小腿摆好姿势后一吹口哨，不一会工夫就见到"热泉"了，多次示范之后，姥姥还细致地教给妈妈把尿的窍门。

然而闹闹快八个月大的时候，姥姥把尿的成功率开始迅速下降，拽着孩子正在摆姿势，闹闹挺身一扭就逃脱了，姥姥再把他拽回来，闹闹真的开始闹了，又哭又嚷动个不停但就是不尿尿，可是等姥姥放手没多久，闹闹就把沙发或床给尿湿了。姥姥认为这主要怪妈妈没有努力与自己保持一致，经常放任闹闹随意尿尿，才导致把尿失灵。

闹闹刚过一岁，姥姥就开始苦口婆心地跟妈妈讲如何训练宝宝坐便盆，而且特别强调妈妈不能再拆台、拖后腿。经过一段时间的练习，闹闹还真给面子，大多数时间，坐到便盆之后都能或大或小地贡献一些"战果"，令姥姥美美地享受着成就感。然而世事难料，闹闹两岁生日那天，意外出现了。原本亲戚朋友凑在一起热闹地搞派对，还带了几个小朋友来陪闹闹玩。因为没有足够的小板凳他们就拿便盆来凑数，让小朋友们坐在小桌边连吃带玩。哪承想，正当大家嘻哈高兴之时，一阵臭味忽然飘来……小寿星竟然当众出恭啦！妈妈和姥姥都觉得不好意思，面对大家的打趣哄笑，一边道歉一边批评闹闹，闹闹为此还哭了一遭。

从那天以后，闹闹强烈拒绝坐便盆，而且什么时候问他要不要拉"臭臭"，他都摇头，每每都是拉到裤子里才被发现。全家人都为孩子的退步感到恼火，有循循善诱的，也有威胁恐吓的，就是希望闹闹尽快恢复对便便的控制力，可是事与愿违，闹闹不仅没有恢复坐便盆，反倒躲到家里各个角落去拉"臭臭"，有一次竟然拉到了衣橱里。

便便的控制虽然跟练习有关，但首先依赖于生理功能的成熟。小婴儿经过训练能够把屎把尿成功，是因为建立了条件反射，而不是做到了真正的有效控制。随着年龄和本领的增长，孩子的自主性逐渐提高，他们要打破机械的反射，所以才会开始抗拒把屎把尿。自主控制便便需要孩子能够主动地控制尿道和肛门括约肌，自如地让它们收缩或放松。然而在最初的阶段，这个控制程序特别容易受到情绪的干扰，紧张的时候孩子放松不下来，尿不出也拉不出，只有情绪放松了才能顺利大小便。

家长强行把屎把尿或者过度要求孩子控制便便，会让孩子感受到内外夹击，强烈的压力和冲突，会让孩子情绪紧张焦虑，而且情绪压力越大，孩子自我控制越难，行为上出现偏差的可能性就越大。如果类似的状况不能及时改善，孩子就需要通过其他的方式进行发泄，折腾耍赖就在所难免。

父母需要清楚，孩子出现各种不良的行为，尤其是激烈的反应，通常都是遇到了压力、困难或者冲突，假如问题来自孩子本身，父母就应该找出问题帮忙解决，而绝对不该人为地给孩子增加压力和困难。便便控制的问题，应该在孩子发展成熟的基础上，循序渐进地引导练习，而且要允许和接受过程当中的反复和波动，越是让孩子轻松地面对困难，本领就会学习得越顺利，也才能杜绝急功近利引发的行为偏差。

规矩太多，难成方圆

童年本是自由随性的，孩子做什么或不做什么，用什么样的方式处事，是一个从以自我为中心、随心所欲，到逐步兼顾环境要求的过程。有些家长特别在意孩子应该如何、不该如何，过早、过小就立下太多规矩，这样对孩子的成长究竟利弊几何呢？

浩浩妈妈堪称双高金领，学历高，在公司的职位高，尽管工作非常忙，但她对孩子的培养也很用心。从饮食起居到智力开发，从言谈举止到行为习惯，她严格规范孩子养育的很多细节，每个方面都要求孩子做到尽善尽美。妈妈在家里也很强势，她要求爸爸、爷爷、奶奶都不得溺爱孩子，以期把孩子培养成才。比如，孩子一岁多会走以后，她就尽量不抱孩子。外出游玩时孩子走累了，想要妈妈抱，她告诉孩子说："你是男子汉，不能娇气，学会走路了就应该自己走，累了可以休息一会再走。"

为了让孩子懂规矩，她要求孩子吃饭必须规规矩矩坐好，吃饭时要遵守餐桌礼仪，不说话、不掉饭粒、不发出咀嚼的声音，更不能离开餐桌做别的事情，否则就把碗筷收了，"宣告"这顿饭结束了。因为这一条，孩子曾经多次哭闹挨饿，家里人也没少提意见，然而胳膊扭不过大腿，妈妈说好习惯都是在磨炼中养成的。

为培养孩子懂得分享和习惯谦让的好品德，从三岁开始，孩子就被要求每天吃水果要先给爷爷奶奶送去，爷爷奶奶开始吃了自己才能吃。自己的玩具和食物要跟小朋友分享，不能自己霸占，独自享用，假如跟小伙伴抢玩具或者吃独食，就需要承认错误并且被罚站。妈妈一再强调：只有善待同伴将来才能成功。

不到五岁的浩浩，不仅聪明，也养成了很多妈妈眼中的"好习惯"，但是私下里他经常跟爷爷奶奶约定"这件事不能告诉妈妈啊"，在幼儿园里他是一个懂规矩的孩子，但是小朋友都不怎么喜欢他，因为一旦有哪个小伙伴没有"遵章守纪"，他不是大声咆哮、大打出手，就是揪着小伙伴去找老师。在老师眼里，浩浩说不上哪里不好，但就是不像个天真的孩子，而且待人比较冷漠，甚至有一次老师还委婉地提醒浩浩爸爸，是不是应该带孩子去看看心理医生。

著名的心理学家弗洛姆说过："在一切爱的关系中，自由是最重要的。"这句话不仅适用于恋人、夫妻，也适用于亲子关系。给孩子充分的自由度，杜绝过多的教条和琐碎的管制，允许和鼓励孩子以自己的兴趣和方式去尝试和探索，可以让他们收获更多更有品质的经验。

很多父母以为给孩子立规矩能够帮助他们更快更好地适应社会，然而，父母应该认真思考培养孩子的目的到底是什么——是按照社会和他人的要求来规制孩子？还是让孩子成为独特的自己？诚然，不同的社会文化可以有不同的倾向，但任何过度与偏颇都只会产生可悲的结果，古今中外概莫能外。

有个叫凉子的女孩，因为出生在单亲家庭里，所以身上承载着妈妈很大的希望，妈妈对她不仅"用心"而且"用力"。她的卧室里悬挂着妈妈制订的各项"法则"，内容涉及学习、行为、思想等很多方面，几乎囊括了生活的所有。经过几年的煎熬，凉子最终选择了用极端的方式进行抵抗。凉子被抢救过来的时候，嘴里面还念着："妈妈，给我点空间，我想要一点自由。"

对孩子来说，如果超过一定限度，可以说规矩越多造成的问题越多。正如俗语"胶多了不粘"，处处是规矩，在现实中很难时时执行，结果规矩形同虚设，反倒让孩子没了规矩。另外一种情况则像案例中的浩浩和凉子，那些如同桎梏的所谓规则，给孩子造成了太多的压力。若无法丢掉自我，当好父母眼中的顺民，就难免最后爆发为攻击社会或者其他的极端行为，相比较而言，眼前的耍赖只是抗议和解压的小小预演而已。

在了解孩子的年龄特点、个性特点和发展需要的基础上，跟孩子一起制订具体明确的规则，更有利于孩子落实执行。把规则进行形象化，比如画出来贴在墙上，更方便让孩子进行对照。规矩一定不能过多过滥，而且家长要把自己也纳入规矩的约束之中，亲子各方相互监督，这样更有利于孩子模仿和坚持。

04 隔代抚养的常见隐患

很多家庭都会有祖辈参与到育儿早教当中，父母和祖父母两代人自然会有不少差别，无论是思想观念、教育和知识背景，还是对待孩子的态度方式、行事风格，无法也不需要强求整齐划一、步调一致。但是，两代人的差别太大或者争执不断，尤其是在原则问题上，对培养孩子来说绝对是大忌。

做"影子妈妈"，直接把孩子交给老人

养儿育女究竟算个技术活还是艺术活呢？假如算技术活，那么新手妈妈绝对比不上过来人，奶奶或者姥姥都可能具有不少优势；假如算个艺术活，当妈妈的也未必就能占到先机。育儿早教虽然也需要知识、技术和艺术，但首先是个情感活，孩子会本能地追随妈妈、依恋妈妈，其他人再怎么努力通常也无法代替妈妈。

皮皮出生的时候妈妈27岁，在如今的大都市中算是非常年轻的妈妈了，加上她很注重保养，很多同事都不知道身边工作的这位美女已经身为人母。皮

皮妈妈是这么想的：趁着老人身体还好可以帮忙全职带孩子，这样自己只要把孩子生下来就行了，什么都不耽误，何况2岁之内的小宝宝不会说也不懂事，等大一些上幼儿园了再接回来就行。

皮皮自小就跟着姥姥，妈妈只是在周末露一面跟孩子玩玩，"过过瘾"，有时工作一忙或者出个差，孩子一个月见不到妈妈也是常有的事。看着孩子不断长大，姥姥照顾得非常精细，直到皮皮上幼儿园前，妈妈都在暗喜自己的聪明决策。

妈妈继续打着如意算盘，她为孩子选择了一家可以全托的国际化幼儿园，一周可以接一次也可以接两次，这样她既不会"浪费"太多时间，又比以前有更多机会跟孩子发展感情。没想到的是：把皮皮接回自己家里后，为了过渡还特地请姥姥也过来小住，皮皮却整天不开心，闹着要跟姥姥回家。送幼儿园那天，皮皮更是哭得撕心裂肺，而且从那天起再也不让妈妈碰自己，什么事情都要姥姥做，吃饭、洗澡、游戏、睡觉都喊"妈妈走开"，反复央求"姥姥带皮皮回自己家"，这时妈妈才如梦初醒，后悔不已……

在孩子的心目中，妈妈绝对是非同一般的角色，他们赤裸着稚嫩的小身板来到这个世界闯荡，真正熟悉的引路人就是妈妈。其他抚养人即使能够把宝宝各方面都照顾好，也难以填满孩子情感需求的空洞。

孩子首选的依恋对象就是妈妈，当妈妈因为各种原因缺位的时候，孩子只好退而求其次，他们会尝试着寻找另外的可靠的人作为替补的依恋对象。一个千里寻母的孩子，只能梦到妈妈的影子却抓不到真实的人——我们只需要稍稍打开真心，就能够想象孩子会是怎样的心情！如果孩子相对幸运，能够得到类似皮皮姥姥所给的爱和细心照顾，也可以在相当大的程度上弥补妈妈角色缺位带来的伤害，但是孩子仍然难以摆脱深深的情感困惑——我的妈妈为什么不要我呢？这样的困惑如果不能及时解开，孩子就非常可能陷入焦虑中，将来引发各种问题。

更加可悲的情况是，只有影子妈妈的孩子，若在现实生活中没有找到稳定的替代依恋对象，或者其他亲人因为不同原因无法倾情照护，或者主要抚养人频繁更换，那么孩子简直就是惊弓之鸟，他们时时都在孤零零的寻觅当中感受着人情冷暖，体验着被遗弃的感觉，这样的经历会深深印刻在孩子幼小的心灵中，日后每每触及那块伤疤孩子都会痛不欲生。

观念风格不同，父母及祖辈各自为政

两代人共同抚养孩子的情况千差万别，不同的家庭背景、经济条件、教育程度、性格特征演绎出不同的故事。父母与祖辈在很多方面是互补的，假如能够密切协作，完全有机会发挥各自的优势，然而现实当中似乎冲突和矛盾更占上风。

涵涵就是在妈妈和奶奶的矛盾中长大的。从涵涵一出生，两辈人在育儿方面的差异就开始出现了：妈妈要给孩子穿纸尿裤，觉得既安全又方便，而奶奶说纸尿裤不够透气，应该用豆包布自己做尿布，觉得年轻人就是图省事，丢掉了好传统。

除了纸尿裤之争，婆媳俩在抚育孩子的很多方面都意见相左：奶奶说要给孩子一直穿着袜子，宝宝的脚是坚决不能受凉的，而妈妈说适当光脚丫是很好的触觉训练，家里温度不低没必要穿袜子，婆媳俩谁也说服不了谁。于是，奶奶看到涵涵光脚就把袜子给穿上，妈妈发现涵涵穿着袜子就把它脱掉，爸爸说家里面爆发了"袜子大战"。

妈妈主张孩子要每天去户外晒太阳，但是应避免太阳直射，最好在树荫下活动，奶奶嘲笑说在树荫下不叫晒太阳而叫躲阴凉；妈妈说半岁之后的辅食还是应该弄得细细的，市场上买的就很细，奶奶说辅食要稍微粗一些，这样才能锻炼孩子的咀嚼能力……

涵涵小的时候，尽管妈妈和奶奶观念相左，但相互监督适当妥协，也没有出什么大乱子。但随着孩子渐渐长大，妈妈和奶奶风格的差异愈发明显，奶奶会限制孩子的游戏活动，这不能动，那不能摸，觉得不够安全，生活事项则照顾得无微不至，而妈妈会放手让孩子探索游戏，生活上的事则要求孩子进行配合。比如婆媳俩最大的差异体现在喂饭上，奶奶不让涵涵动手，常常在屋里到处追着喂，妈妈强调涵涵必须自己练习吃饭，如果跑开了，那么五分钟后饭就没了，绝不能追着喂。婆媳俩谁也说服不了谁，最后干脆各自为政，以免话不投机伤和气。

小的时候宝宝相对被动，不同的照顾方式可能增加孩子的适应难度，也可能引发一些问题，就像频繁穿脱袜子和增减衣服，皮实的孩子可能锻炼了适应能力，而敏感的小孩或许会因此而时常闹病。其他比如饮食、睡眠或生活方式的反差，都可能会给孩子带来额外的负担。

而主要抚养人的矛盾带来的问题，更多体现在孩子的习惯培养和心智发展方面。曾有专家做过调研，结果显示主要抚养人观念和做法之间的冲突是引发孩子行为问题的最重要原因之一。孩子首先会参照家长的行为方式，比如家长挑食的话孩子很容易模仿，家长喜欢跟别人交流，孩子也会获得更多机会；

另外，孩子会根据家长的反应主动调整自己的行为，他们会更多地重复受到表扬和赞赏的行为，而控制和减少遭受惩罚的做法。

如果父母和祖辈在对待孩子方面差异明显，孩子就容易产生标准混淆，不知道到底是跟着妈妈走还是随着奶奶练。这样容易引起孩子的认知冲突，随之而来的，要么是孩子学会"两面三刀"，看人下菜碟儿，要么是孩子感到压力与困惑而变得烦躁和容易被激怒。这就好比一个人戴了两块手表，而且两块表的时间明显不一致，当他安排行程的时候二者不可调和的冲突，简直会让他疯掉。

很多时候，只要不是原则问题，A 或 B 两种做法常常各有千秋，但是假如家人对待孩子的态度或方式存在明显差异甚至截然相反，那么就会影响孩子各方面的发展。

相互挑剔指责，孩子屡屡"中枪"

家长在看待孩子的能力上，常常走两个极端，一个极端是过低评价孩子，觉得他们做得不好，另一个极端是过高评价孩子，认为他们的表现简直棒得不得了。父母双方有如此天差地别的态度就够孩子适应的了，若对孩子的评价和要求的差别来自两代家长之间，那么调和的余地就实在太小了。刚刚被一个家长允许和表扬的行为，到了另一个家长那里就变成挑剔或责怪，孩子该如何是好呢？表面上是父母和祖父母的差异，落到孩子身上就会变成恼人的行为问题。

李梅要了二宝之后最大的变化就是下决心这次一定自己带孩子，因为把大宝交给姥姥带是她最后悔的事，没有之一。为此她还跟自己亲妈吵过好几回。

一方面想着不能让悲剧在二宝身上重演，另一方面姥姥也不愿意再干费力不讨好的事了，"二宝自己带，到时候你就没资格天天挑我的毛病了。"

在妈妈看来，大宝身上有太多的"毛病"，而且挺难纠正过来。比如吃东西挑食，特别不爱吃蔬菜，关键还不能说，一说就耍赖，因为姥姥都是把菜剁得碎碎的且只放一点点；睡前讲故事要大人一直讲，自己睡着了大人才能停，因为姥姥说多听故事孩子聪明，就应该多讲，可妈妈说睡前最多讲两个，于是大宝就又哭又闹地不睡觉；有什么要求不好好说，常常跟发号施令似的，要这样就得这样，不然就大呼小叫甚至坐地耍赖，因为在姥姥面前一吼一闹目的就达到了。

可是在姥姥看来妈妈的问题也不少：要什么玩具都给买，弄得孩子玩起来没常性而且特别不懂得珍惜；衣服弄湿一点或者蹭脏一点就要换，搞得孩子那么娇气；明明大宝很喜欢二宝，要跟他玩，妈妈却总是喊小心、加限制，影响两个孩子的感情。

于是，妈妈常常会说姥姥不好，惯了大宝太多毛病；姥姥会说大宝的问题都是因为妈妈拧巴才造成的。大宝夹在中间，有的时候会利用矛盾实现自己的小目标，比如有一次他正坐在地上大哭，妈妈进门刚开口训他，大宝脱口而出："我是哭给姥姥听的。"可是有些时候大宝就会左右为难、进退失据，比如妈妈和姥姥吵架的时候，他常常暴跳如雷甚至要通过撞头伤害自己，以迫使她们停下来。

如果你有两位直接领导，他们不仅管理风格不同，观念态度迥异，而且对你做事的要求和评价标准大相径庭，你会是怎样的处境和感受？在A领导面前的成绩在B领导那里全是败笔；在A领导那里的问题在B领导看来却是创新，你接下来该如何行事呢？至少是左右为难、如履薄冰吧。

类似的局面落在孩子身上，就绝非左右为难那么简单了，明显的冲突与对抗甚至会造成孩子认知的混乱，也会导致孩子行为的偏差。更加严重的是，无论是父母还是祖父母，都是他们最喜爱、最依赖的人，家长之间相互的贬低与指责，会令孩子感到感情被撕裂，对人际关系、情感和人格发展带来不可估量的影响。

我们不能奢望家长之间总是思想统一、步调一致，但为了给孩子创造稳定和谐的成长环境，两代人之间必须进行有效的协调，建立有机的协作关系。大家可以参照这样的原则处理彼此的分歧：第一，经常沟通孩子的表现和发展情况，既包括事前也包括事后，不要强调各自的判断，而是交流相互的发现；第二，如有可能，在对待孩子的问题上推举一位决策人，遇到难以相互妥协认同的事项，大家一致配合决策人的原则和方法，避免造成孩子的认知混乱；第三，既分工也分权，每位主要抚养人重点负责不同的事项，比如姥姥负责饮食和生活，妈妈负责游戏和行为规则，在各自负责的事项上特定的家长具有决定权；第四，先入为主避免互相拆台，当孩子要赖或者"行为不端"的时候，由最初面对孩子的家长出面处理，其他人即使看不惯也不能当面唱反调，而应在事后通过前面的原则相互沟通协调。

教育孩子是一项系统工程，单个家长负责和多个家长协作其实各有长短，但无论怎样，抚养人之间的相互指责和相互不认可，对孩子的影响是最不好的。尽管每位家长的个性、经验、观念有别，但我们共同的目标就是把孩子培养好，每个人都把这个意识不断强化，在发生争执的时候把这句话讲出来，常常会让难堪的局面得以改善。

05 冷淡方法用过头，
孩子耍赖只为求父母改变冷漠的态度

孩子耍赖时，很多父母的第一反应就是：这个孩子出问题了、变坏了。其实很多时候，孩子耍赖并不是他变坏了，而是他在提醒父母的态度或做法出了偏差。

现实生活中，你常常会发现，管得过严的孩子和要求过松的孩子，最容易成为耍赖一族。管得过严，规矩太多，有时候就像无形的牢笼弄得孩子处处遭到限制，他们无法积极自由地探索和游戏，受到压抑、感到压力时，只能通过耍赖排解压力、提出抗议、寻找出路。而要求过松，会使孩子感受不到行为规则的边界在哪里，心里有时会觉得没有着落、不够踏实，他们或者主动耍赖想要试试家长的底线，或者为了达到目的"不择手段"，小的时候显得太过我行我素，长大以后容易成为自以为是、不受他人欢迎，甚至遭受同伴排斥的人。

上面的两种偏差不难理解，有些家长便试图通过"中间道路"影响孩子的行为。孩子耍赖时，父母不会惯着，不会溺爱纵容，同时也不会大打出手，不会吼叫体罚，而是通过冷淡的方式表明自己的态度，希望孩子能够有所收敛进而转变，这样的方式究竟效果如何呢？

准备耍够了再回应，但孩子却耍不够

孩子总会不断调整自己的行为，调整的依据主要包括自己行为的结果以及家长的反应。所以，发现孩子一些不好的行为，淡化处理有些时候是有效的办法，比如小孩子刚开始"打人"，对他们来说不是真正意义上的打，但是如果家长反应明显，闹不好就会成为变相鼓励，让孩子以打为乐。然而待孩子已经习惯于耍赖之后，一味淡化恐怕也解决不了问题了。

跳跳是个很有个性的孩子，做事情很有主见，他想要干什么、玩什么、怎么玩，不会轻易听从家长的意见，一旦自己的要求遭到拒绝，便立马展现倔强的一面，或哭哭闹闹，或摔摔打打，弄得全家不得安宁。

跳跳妈妈很重视学习，看了不少育儿书籍，也非常重视孩子的心理健康。跳跳小的时候，妈妈知道接纳和关爱的重要性，一般都会对跳跳耐心引导，遇到孩子耍赖的时候，也常常转换到孩子的立场努力去理解他，表现出来就是跳跳闹的时候妈妈总能找到理由说服自己去满足孩子——孩子只是表达得不清楚，其实要求也不算过分等。

跳跳到了三岁多的时候，耍赖的本领节节攀升，而且专注坚持的好品质也体现在了耍赖的行为上。有一次下雪后妈妈带他去玩雪圈儿，妈妈要帮他把雪圈儿拉到小山坡上，然后跳跳坐进去滑下来。孩子乐不思蜀，没完没了，妈妈几次说玩最后一次，都没能使他"刹住车"。后来妈妈实在没力气搬雪圈了，跳跳开始暴跳如雷，任凭妈妈怎么晓之以理动之以情，跳跳就是一句话——没玩够，还要玩。

这时候妈妈想起了冷淡的方法，既然跟你商量没用，那就你闹你的，我不搭理好了，没想到跳跳小朋友先是坚持坐在雪地里，妈妈虽心疼但忍着没管。接下来跳跳自己也觉得又冷又无聊，就跑到妈妈眼前打滚哭闹，妈妈再次咬牙准备跟孩子比拼一下耐力。时间流逝，强忍着的妈妈看到跳跳滚在雪地里手和脸冻得通红，衣服也湿了一大片，很是心疼，只好强行拽起跳跳，将他拖回了家。

我们反复提醒家长，耍赖已经成为习惯的孩子，通常都经过了家长前一段时间的"培养"，开始阶段没有恰当应对，要么一耍赖就满足，客观上变成了纵容；要么假装生气责备孩子，却被孩子识破了而变本加厉。当局面不好收拾的时候才猛然想起用冷淡的办法，可惜孩子已经轻车熟路。

面对孩子反复耍赖、持续耍赖的情况，如果采取冷淡的办法非但没能解决问题，反倒使孩子欲罢不能，这时候家长再固执地冷淡处理就不行了，而应引导孩子，给他个新的出路，示范和提示他采用新的更高级的办法，然后证明给孩子看——停止耍赖，改为跟家人商量或者其他更积极的行为方式，就可以得到好的结果。

不耍了再理你，可孩子却只会耍

孩子选择行为方式的时候还有另外一个倾向，就是采用自己最擅长的做法，以前通过耍赖能够降服家长，这一次如果没有马上奏效，那就延长时间或搞得更激烈一点儿，万一还是无法达到目的，他们可能会疑惑失望，继续耍赖的性质进而发生变化：不再单单是为了搞定家长或者发泄不满，而是因为自己熟谙的本领没有带来期望中的结果，感到不安甚至焦虑。

妞妞的爸爸跟当下的很多父亲一样，终日忙于事业，似乎当爹的功能就是为孩子赚钱，每次回到家里当然少不了给孩子准备礼物。话说妞妞也很享用，她眼里的爸爸就像个送快递的天使，每次见面都会从包里变出新鲜的玩具。这一天妞妞爸爸出差刚刚回来，见到妞妞没有直接亮出礼物，而是强行抱着妞妞要求先亲亲，可是妞妞一如既往，敷衍地叫了一声"爸爸"之后直接就要动手翻包，妞妞爸爸则捂着包执意非要孩子先亲亲自己才行，没想到妞妞坚决不肯还委屈地哭了起来。

短暂尴尬之余，妞妞爸爸似乎不甘就此承认败局，板起脸对她说："你要是不亲亲就没有礼物啦，爸爸把礼物送给对门的小哥哥去。"原以为孩子为了即将到手的利益会"委曲求全"，可妞妞却直接说："臭爸爸、坏爸爸！"然后转身走开了。并不甘心的妞妞爸爸上前一把拽住孩子，正要发动新的攻势，却只见妞妞一下躺到地上呜呜大哭起来，爸爸恼火地说："你闹吧，闹够了再说，爸爸不理你了！"然后坐在一旁期望妞妞过一会儿就能平静下来。哪知道孩子的韧性完全超乎想象，每每觉得妞妞差不多平静了，刚一凑前妞妞就又开始哭闹，恼羞成怒的妞妞爸爸转头对着家人撒气："你们怎么把孩子惯得只会耍赖？！"

冷淡本身是可以带给孩子压力的，但是教导孩子的目的不是给他们施压，而是希望通过适度的压力"迫使"孩子停止耍赖的行为，然而感受到压力的时候，小朋友单单停止耍赖还是蛮难的，因为心里那份憋屈即使能压一时也很难彻底消散，必须找个出口释放出来。

很多时候孩子耍闹起来就像有惯性一样，无法说停就停，除非他们只是在轻松地表演耍赖；另外，刚刚还在用力爆发，突然要改个行为方式变得温顺，这个弯子哪有那么容易就能转过来呢？！不少家长被惹急的时候都会要求孩子立刻停下来，这个突然刹车的办法是有前提条件的，好比开车吧，车速如果只有 20 千米 / 小时，大概一脚刹车坚定地踩下去车直接就停住了，但是如果车速已经达到 100 千米 / 小时，这时突然猛踩刹车，车是停不住的，闹不好还会侧翻出事故。所以家长制止孩子的耍赖行为应该趁早，若开始没控制好，就得逐渐地"点踩刹车"，慢慢地才能让他"停稳"。

孩子耍赖时采取冷淡的办法应对，就好比是飞机迫降的时候让它自己把油耗光，没有了动力自然就降下来了。但是正如上文所说，孩子转弯子不容易，只有少数的小朋友能够主动驾驭。他们发现爸爸妈妈的苗头不对时，自己就会找个台阶，或者换个战术从吼叫变成撒娇，或者干脆不提前面的无理要求，换个家长能够接受的，这样大家都不会太过为难。但是更多的孩子需要家长帮忙给台阶，需要家长引导转弯子，过度冷淡算是个被动的应对办法，而给孩子指一条可行的路才是更积极的方式，但指路不能是家长自认为可行，而要让孩子能够接受。孩子容易接受和乐于接受的方式才算得上是条"明路"。

第五章

防控孩子耍赖，
我们需要这样做

育儿早教的过程是亲子双方共同成长的过程，一帆风顺常常只是美好的愿望，何况一帆风顺的旅程也会失去不少独特的经历和体验。

遇到问题本身并不可怕，屡战屡败才会导致最终的"万劫不复"。面对孩子与家长的冲突，以及孩子挑战家长的极端行为，找出背后的动机，妥善地化解应对，就能够化弊为利，并从中总结出可贵的经验。无论是对孩子还是对父母，这都是一种难得的有益体验。

孩子的成长是天大的事，而且绝无返工重来的机会，尽快掌握防控孩子耍赖的正解，对每位家长来说都是非常重要的。

01 积极弥补缺失的安全感，才能去除耍赖的病根

孩子的很多耍赖行为，以及黏人、胆小、怕生等，多半源于安全感缺失。每当孩子出现耍赖行为的时候，父母自己的情绪也被点燃，恨不得立即纠正和制止孩子。但在生活中，我们往往发现，即使这一次搞定了孩子，还没等松口气马上又会迎来第二次挑战，更别提家长还时常搞不定，归其原因，其实还是很多方法治标不治本。换个积极的角度考虑，其实每个孩子耍赖的当下，都是弥补安全感的有利时机，在这个时候通过恰当的方式积极满足孩子的内心需要，往往能够产生意外的效果，正所谓危机就是危险中蕴含着机会。

霄霄虽然已经六岁了，可有些行为还是着实让妈妈很烦恼。比如她坚决不自己睡，入睡的时候必须抱着妈妈的胳膊；去游乐场玩，也总怕妈妈会突然消失，时不时就得招呼妈妈，一看不到妈妈就会哭闹……

看到她的这些表现，妈妈总有些隐隐的自责，因为在霄霄小的时候，自己确实很少陪伴在孩子身边。那时工作很忙，妈妈经常要加班或者出差，就常常把霄霄寄养在爷爷奶奶家。妈妈现在还能经常想起，每次分离时霄霄那撕心裂肺的哭叫。但那时，妈妈总认为自己是不得已的，待孩子慢慢接受后就会好

起来，却没想到霄霄变得越来越敏感、黏人、退缩，一看不到亲人就手足无措，情绪也会失去控制，令妈妈每每看到这样的场景都非常自责。

意识到霄霄缺乏安全感以后，霄霄妈妈痛定思痛，决定帮助霄霄重构安全感。

她首先对自己的工作做了调整，尽量少加班、少出差，即使身不由己也不搞突然袭击，一定会提前稳妥地告诉孩子，并且和霄霄一起做好妈妈不在家时的各种准备，比如谁来照顾霄霄、吃什么、放学谁来接、睡觉谁来陪、什么时间跟妈妈通电话等，而且每次都提前把跟孩子通话的时间设定好闹钟提醒。另外，霄霄妈妈和爸爸约定好，两个人至少要有一个人在家陪伴孩子。

除了调整工作安排，霄霄妈妈在日常和霄霄的相处中也下足了功夫，比如无论如何都要提前到校去接霄霄，以免晚接加重她的不安全感，回到家也会先跟孩子充分互动然后再处理自己的事，行事中注意多与霄霄做身体接触，比如多拥抱、多抚摸、用手给她梳头发，周末的时候也划定专门的时间关掉手机专心致志陪伴孩子。功夫不负有心人，全家人和老师都感到霄霄在不断进步，变得越来越自信，浑身散发着活力。

养儿育女看似多是鸡毛蒜皮的小事，但琐碎当中都可以融入伟大母爱的营养，点滴之间用情感和关爱温暖孩子的心灵，言行之内用态度助孩子改善不良的体验，这样就能够从根本上强化孩子的安全感。

持续稳定的安全体验和情感记忆，会转化为孩子与外界联系、与他人相处的内在原则和外在行为。拥有了安全感，孩子就有力量在陌生的环境中对抗焦虑或恐惧，从而去积极地探索周围的新鲜事物，尝试与他人接近互动。

摒弃管控孩子的急功近利，像霄霄妈妈这样通过反思自己，先从自己身上找问题，改善自己的做法，往往能够收获超出预期的结果，孩子的耍赖行为就能不"治"而愈了。

建立安全感应从婴儿期开始

建立安全感的任务从孩子一出生就开始了，在早期，孩子日常的体验让他们对环境、他人和自己，以及三者之间的关系产生基础性判断，在与妈妈和其他主要抚养人的互动中发展情感连接。只有建立起亲密、稳定的安全依恋关系，孩子才能成为一个充满自信且积极开放的探索者。

◎婴儿依恋心理的发展阶段

宝宝出生之前，妈妈的子宫让他们获得绝对的安全感。胎儿不需要思考自己有什么需要，妈妈就已经帮他们及时满足了。从降临到这个世界的那一刻起，宝宝就开始面临着各种危险和挑战，离开了专享的全功能"宫殿"，一下进入"风雨飘摇"的世界，除了嘈杂的声音、刺眼的光线、变化的温度，宝宝还要自己呼吸、自己吃饭，得尽快找到安全和舒适的感受，才不至于整天惶惶不安。

孩子会主动地寻求妈妈持续的呵护，而只有妈妈敏感的反应、温柔的触摸、及时的照顾，才能使孩子彻底放下心来，去热情拥抱这个美丽的新世界。

1. 0～3个月

小婴儿尽管完全依赖于家人的照顾，但他们并不是完全被动的接受者，而会在与亲人的密切接触中不断寻找三个基本问题的答案：妈妈是不是管我？能不能懂我？会不会呵护我？只有宝宝的需求总能得到及时的回应，需要总是被合理地满足，他才能建立起安全感的稳定基石。

2. 3~6个月

宝宝开始熟悉主要抚养人并开始了与主要抚养人主动的互动，除了吃喝拉撒睡等生理需要，他们还喜欢跟妈妈进行肌肤相亲，渴望通过身体抚摸和拥抱体验关爱，通过视听和运动游戏练习互动。如果自己的想法总能被正确地解读，自己也能明白家人的意思，良性的亲子互动模式就开始顺利发展。

3. 7~18个月

孩子逐渐学会独立行走，努力尝试自己进食，能够发出第一批单字词，在自我意识和能力发展进步的同时，依恋关系也步入发展的快车道。孩子接触陌生人会感到紧张焦虑，他们会讨厌和抗议与亲人分离，希望跟妈妈和主要抚养人有更加丰富的互动。稳定并富有情感的陪伴可以让孩子的心理安全找到可靠的支点，良好积极的亲子互动可以不断编织起情感连接的心理安全绳。

4. 19个月~3岁

孩子各方面能力迅速提高，语言发展进入爆发期，同时孩子的冲动总是超越已有的能力，让他们感受到前所未有的挑战。孩子有很多新奇想要探索，很多事情都要尝试，但还都离不开家人的支持和帮助。

自我意识和自我认知的发展进入新阶段，亲人离开会引起孩子强烈的反应；而亲人陪在身边时，他们又要通过对抗来证明自己。尽管自我情绪调节能力已经今非昔比，但是冲突和挫败仍会不时袭来，令孩子难以招架，不同品质的亲子互动经验，对安全依恋关系的建立影响巨大。

5. 3岁以后

已经建立起来的依恋关系需要继续加强巩固，若之前有所"亏欠"，则更需要连本带利"补偿"，不少孩子会主动地发起攻击来挑战家长，试图考验情感连接的可靠性，表现出来的很可能是父母难以招架的耍赖行为。

如果亲人没有忽视孩子的心理需要，妥善地回应以使他们感到安心和温暖，那么安全依恋关系就可以扎根稳定下来，支撑着孩子继续自信又独立地投入到伙伴群体中去。

如何建立安全依恋关系

现在我们已经知道在孩子耍赖时，应该及时抓住这个当下，去修复孩子的安全感缺失，而绝非简单粗暴地制止孩子的负面行为，但是如何做，才能最有效地建立安全依恋关系呢？

◎ 敏感细心地满足孩子的需求

小孩子语言发展相对不成熟，自己的想法、感受和需求常常无法直言相告，比如脸憋红了可能是要便便，蜷着身子哭泣可能是肚子痛，手指大门可能是想出门等。长大一些之后，尽管孩子的表达能力不成问题，但若遇到情绪的干扰，很多时候越是着急、越是激动，想要明明白白直抒胸臆也越难。

身为家长要善于识别小孩子发出的各种信号，除了生理需求，还须关注孩子的心理需求。相信大家已经明白及时满足孩子合理需求的重要性了，而满足的前提则是保持敏感，等到孩子已经急不可耐，或者因不被理解而委屈、愤怒、哭闹、耍赖的时候，再想要准确判断就会难上加难。

睿睿跟爸爸去电视台录节目，其间突然哭闹起来，爸爸好言相劝没有效果，问他又说不清，便找来玩具想要转移一下他的注意力，可睿睿完全不买账。一头雾水的爸爸猛然想到会不会有内急的情况，便带着孩子到卫生间，这下子睿睿立刻停止了哭闹，爸爸正要暗喜却发现孩子既不要尿也不要拉，而是又哭着转身指向镜子，"这是要照镜子玩吗？"疑惑的爸爸急忙抱着睿睿去照镜子，可是到镜子前面睿睿仍在哭闹，晕头转向的爸爸这下真的按捺不住了，对睿睿一顿训斥威胁，之后突然发现孩子脸上不知在哪里蹭了一块化妆粉，待帮忙洗擦干净之后，睿睿立马转闹为喜，"原来竟是如此，你这是因为不舒服呢？还是因为太过关注形象啊？"虽然解决了问题，但爸爸仍然未得正解。

还有一件事情，全家人都知道睿睿特别抗拒独自坐在汽车安全座椅里面，但那一天是爸爸一个人带他出门，上车前爸爸还特地好言嘱咐他，"为了安全必须得坐小椅子了，宝贝儿，你一会儿坚持一下，咱们很快就到地方哈。"爸爸把睿睿放到座椅当中，刚拉过安全带他就一边挣扎一边哭喊，爸爸只能一边开车一边开导身后的宝贝，但仍然于事无补，睿睿越闹越凶，最后爸爸没辙，干脆下车抱着孩子走路前行。

保持敏感的关键是要做到主动、及时和换位思考。主动是指提前发现和了解孩子的状况，以便事先有所防备和应对。比如既然知道睿睿抗拒坐安全座椅，那么家长可以提前准备两件孩子喜欢的玩具，让他在乘车的过程中可以有办法缓解恐惧不安，而不是"专心"地感受困于座椅的不快。

及时是指当孩子发出信号的时候，家长需要立即回应并积极辨析孩子的意愿，小火苗刚刚露头的时候很容易被扑灭，若等到已燃烧成熊熊大火再采取行动恐怕为时已晚。对于有些情况，家长也很难一下子看清问题的实质，这时候先回应孩子就能让他们心安，看到爸爸妈妈已经在关注和帮助自己了，孩子或多或少都可以调整控制自己一下。接下来家长快速地寻找或排查问题的线索，一定比试图糊弄过去更省心省力，若等到孩子大哭大闹再采取行动，所付出的时间和心力一定更多。

换位思考是为了找准孩子的需求和问题，只有站在孩子的角度才能准确判断他们的感受，才能理解他们的需求，认清他们需求的性质和程度，是合理需求还是另有隐情，是燃眉之急还是并不急迫的问题。准确判定之后的合理应对，是防止孩子哭闹要赖最重要的前提。

◎ 保证有比较固定的依恋对象

依恋关系的发展需要经历几年的过程，这期间抚养人的稳定性是必不可少的基础，频繁更换主要抚养人好比居无定所、四处流浪一样，是孩子获得安全感的大忌。所以最好在孩子出生之前就提早做长远一些的考虑，特别是在孩子2岁前后的1～2年时间里，抚养人要尽最大可能保持固定。也许有人会说，大多数妈妈都身在职场，妈妈上班之后该怎么办呢？为了稳定抚养人，难道妈妈就不能与孩子亲近吗？

现实生活中妈妈大多会有帮手，除了奶奶、姥姥等家里的长辈帮忙，也常会请育儿嫂或家政阿姨搭把手，这样在妈妈重返职场之后抚养人仍然可以保持稳定。在多人共同照顾孩子的情形下，只要妈妈不脱离一线，每天都能参与到教养孩子的活动当中，就不会因为平常的工作而伤害到依恋关系的发展。妈妈之外的抚养人相对稳定，对于孩子依恋母亲可以起到辅助支持的作用，也可以让孩子发展多对象的亲子依恋关系。

　　彤彤妈妈是个有心人，从怀孕开始就经常跟身边的过来人聊孩子的事，以便提前吸取经验教训。比如同事王姐，因为奶奶和姥姥争着带孙子，为了两全其美，她就一边一周把孩子分别送到奶奶家和姥姥家，结果因为两位老人风格迥异，孩子养出来一身哭闹耍赖的本领。另一个教训来自邻居张姐，她们家频繁更换保姆，每次都能听到张姐的小孩哭闹得惊天动地。

　　彤彤妈妈下定决心一定要亲自带孩子。鉴于条件所限，家里不可能长期请育儿嫂，于是在彤彤出生之前，她就反复动员和要求老公一定要拿出行动，亲自参与到"育儿大业"中来。彤彤妈妈的聪明之处是不仅让老公担当最靠谱的"救火队长"，而且每一项工作都想方设法给老公创造机会练手，从冲奶粉、换尿布到洗澡、哄睡，她不像有些妈妈总是挑老公的毛病，而是在一旁加油打气和表扬夸赞，还经常跟老公切磋交流心得技巧，真就把曾经不被大家看好的"猪队友"，磨炼成了带孩子的行家里手，而且她还能以此为荣，遭到身边"一票妈妈党"的"羡慕嫉妒恨"。

　　妈妈亲自带孩子原本就有先天优势，因为在孩子的眼里和心里，妈妈都是亲近依恋的不二人选，凡是没能跟妈妈建立起安全依恋关系的孩子，一定都是迫不得已才退而求其次的。因为在所有的关系当中，母亲是永远都不可能改变的。

　　功夫不负有心人，彤彤妈妈曾经也有加班和频繁出差的时候，每到这些会引起孩子分离焦虑的关键时刻，爸爸得心应手的照顾不仅填补了彤彤渴求的安全感，还带给她不少新鲜感。更值得称道的是，无论是在妈妈还是在爸爸单独带孩子的时候，他们都会在孩子面前反复提及和夸赞对方，让孩子感到自己拥有坚不可摧的安全基地。

◎ 积极回应不等于立即满足

培养孩子的各种道理在父母看来都不难理解，然而现实当中，父母还是常常左右为难。为了让孩子感受到家长的接纳和关爱，提倡家长给予孩子积极回应；另外，父母又不免担心，事事顺着孩子会养成孩子任性的坏习惯。

家人不可能总是不离左右随时答应，将来孩子只能自己面对困难挑战的时候，会不会感到失落？又会不会伤害到心理安全感呢？

妮妮是个特别敏感的孩子，妮妮妈妈也是格外细心的人，真是有其母必有其女。妮妮妈妈非常重视孩子的心理健康，不想因为自己的疏忽伤害到孩子早期的心理体验，她深深知道遭人冷落的时候内心那种"拔凉拔凉"的感受，于是对妮妮可以说事事都做到了"积极回应"。妮妮哭最多不会超过三声妈妈就会出现；妮妮提出的各种要求妈妈也是尽量满足，不让她受委屈。看着妮妮每天快乐的样子，尤其是跟自己如胶似漆的依恋关系，妮妮妈妈着实觉得欣慰。

然而随着妮妮不断长大，妈妈感到压力越来越大了，孩子似乎拥有用不完的精力，每次陪妮妮玩完妈妈都有些精疲力竭的感觉，时不时还央求孩子早点结束。妮妮似也"通情达理"，常常说"那好吧，咱们玩别的吧"，她哪里知道妈妈不是要换个游戏而是无力再战，得歇歇了。

上幼儿园之后，妮妮显得非常不适应，在班里时而缩手缩脚，独自神伤，时而哭哭闹闹，情绪激动，回到家常跟妈妈告状说"老师不搭理我"。妮妮妈妈多次委婉地跟老师探讨对策，但老师每每建议妈妈注重培养孩子自理、自立的能力，适当延迟满足，不要事事都依赖老师，有句话一直萦绕在妮妮妈妈耳边："我们班上那么多孩子，老师不可能只照顾她一个。"

孩子动不动就哭闹耍赖，大家自然会想到是家长做得不好，人常说"孩子的问题其实都是家长的问题"，家长可以"积极"满足孩子一时，但无法事事满足孩子一生。千万别简单地以为满足了孩子，他们完全不会耍赖就是做对了，假如误解了积极回应，把积极回应变成了过度满足，那其实是在埋隐患、种苦果，既会妨碍孩子身心发展和能力进步，又可能养成孩子事事依赖家长和他人的习惯，孩子自身的体验也并不好。

所谓积极回应要把握两个基本标准：一是有利于孩子发展，帮孩子而不是替孩子做；二是适度满足合理需要，既不过度也不欠缺，随着孩子的成长变化而变化。陪伴着孩子成长，让他们以自己的能力和经验，积极主动地探索和应对挑战，对身心智全面发展更能起到良好的促进作用。

◎ 陪伴但不干扰孩子的自主活动

孩子离不开亲人的陪伴，但成长需要的不仅仅是陪伴。

陪伴孩子不仅仅是待在孩子身边，还要与孩子交流、游戏、良好互动，在陪伴孩子的过程中更要体察他们的感受和需要。高质量的陪伴需要做到人在、活儿在、心也在。另外，孩子从一出生就是独立的个体，他们有自己独特的气质个性，有自己的感受、需要和本领，家长既要了解，又要尊重。

二毛出生的时候哥哥已经六岁了，妈妈认为，因为自己当时年轻没有经验，将大毛培养得很不成功，做事不专心，还常常跟家长发脾气，受到批评时就会气鼓鼓地说"别管我，去管二毛吧"。妈妈心想一定要多多陪伴二毛，避免重蹈覆辙，为此还辞掉了工作做起了全职妈妈。

二毛小的时候，妈妈照顾起来还算顺风顺水，虽说带大毛的经验没有多少能直接用上，但心态上比起当初成熟不少，面对孩子通常能够保持不急不躁。

为了开发孩子的潜能，妈妈学了不少早教游戏，也真切地看到了二毛日新月异的进步。但是二毛一岁半之后，妈妈发现跟他做游戏越来越难了，比如明明是让二毛搭高积木，可孩子就是捣乱，妈妈刚示范着搭起来，二毛一把就给推倒了，再让他注意看时二毛干脆把积木全都扒拉到地上，或者干脆抓起来扔出去，弄得游戏无法继续。

更麻烦的是喂饭，二毛非要自己弄，拿着勺子乱搅和，还时不时直接动手抓，妈妈喂他，开始还吃几口，过不了一会儿就扭动着脑袋不配合了，一顿饭常常要跟孩子战斗一个小时。"这孩子怎么也爱捣蛋，将来不会又是一个管不了的孩子吧？"妈妈不免深感疑惑。

聪明的孩子不好带。孩子发展得越好，探索的主动性和积极性就越高，无形中也给家长提出了更高的要求。如何在保证安全的前提下，既做到积极交流、良好互动，又能够把握尺度、适可而止，给孩子创造充分的自由尝试探索的空间，需要父母不断学习并跟上孩子成长的脚步。

不适宜地要求孩子一定要怎么做，很容易变成限制孩子自由发展的羁绊；总提示孩子"正确"的方式该怎么办，很容易使孩子陷入模式化的轨道。更加值得警惕的是，父母以支持帮助为名的过度插手，会变成一种干扰，既不利于孩子锻炼、提高本领，还会造成孩子的心理负担，从另外的方向破坏了孩子的安全感。

试想一下，如果孩子思考和行动的时候，总是被贴上正确或错误的标签，他们会不会变得谨小慎微、裹足不前？如果孩子自己主动探究不断试错的过程，总是被修正或打断，他们会不会变得只会被动地接受？类似的经验不断积累，就会成为破坏自信、限制自主的杀手。陪伴但不干扰和限制孩子，才能"生长"

出安全的依恋，而不是被动的依赖。

◎ 为孩子创造美好融洽的成长空间

孩子的成长环境是一个生态系统，既包括社会大环境和社区中环境，也包括家庭小环境以及亲子互动微环境。尽管每一个家庭和每一个人都无法摆脱大、中环境的影响，但家庭环境与氛围对孩子的成长更具渗透力，影响更全面，也更深刻。

家庭成员彼此之间以及每个人跟孩子之间融洽的关系，是孩子心理安全稳定的土壤，而充满矛盾、分歧和争吵、冲突的家庭，会令孩子感到极大的焦虑和不安。

当今社会快速变化带给家庭前所未有的冲击，夫妻双方、父母与祖父母之间，没有任何矛盾冲突似乎是不现实的；然而面对现实，我们或许无力去改变社会生态，也难以改变另外一个成年人，但为了孩子的成长，怎样才能处理好各种分歧，不伤害到孩子内心的安全感，是每一位家长都需要特别重视和用心对待的问题。

瑞瑞是一个从小生活在父母"战火"中的孩子，她常常遭遇爸爸妈妈的高声争吵甚至大打出手，有时被惹得大声哭泣和尖叫，有时又被吓得暗自流泪和不知所措。小的时候，她根本不懂父母为什么吵架，不过她记得父母都曾经把试图劝架的自己推到一边，记得他们都曾说过后悔要了孩子，还记得自己被晾在一边没人关照的凄凉。

从幼儿园到上学，瑞瑞从不举手回答问题，更别提上台讲话，这些会让她语无伦次、汗如雨下，她总喜欢坐在角落里，生怕别人注意到自己。

如今已经工作了的瑞瑞，仍然是单位里的边缘人物，具体的工作都是些没人愿意干的琐碎事。她没有自信，不敢承担责任，遇到问题常常束手无策，只能任凭上司劈头盖脸批评一顿。

成长的经历也影响到她跟异性交往，三十几岁了，别说谈恋爱，连正式的约会都没有过，婚配更是遥不可及……各种因素叠加在一起，瑞瑞早早地患上了抑郁症。

很多人并不记得自己童年的经历，但早期的创伤却不会因为记不起来就消失殆尽，相反，它们常常印刻在潜意识里，悄无声息地发挥着可怕的影响力，左右着一个人的感受、思想和行为方式。

丁丁出生后不久，父母的关系因为各种原因出现了裂痕，妈妈和奶奶在如何养育孩子的事情上分歧也不少，但是每个人都是真心疼爱孩子的，也相当注意自己的言行，从来不在孩子面前吵架。而且，每个人面对孩子时，无论内心怎样错综复杂，总是一副平静欢喜的样子，跟孩子聊天和游戏。

丁丁四岁的时候，父母离婚了，妈妈跟她说："爸爸要去一个很远的地方工作，回来的时候才能陪你玩，不过你要是想爸爸了，可以给爸爸打电话。"此后，妈妈从没有像其他离婚的妈妈那样对前夫颇多指责，而是总在丁丁面前说爸爸的好话，甚至在孩子想念爸爸的时候，还会翻出照片一张一张地告诉她，"这是你刚满月时跟爸爸照的""这张是你刚会坐的时候爸爸拍的""这个是爸爸在陪你练习爬""这是学走路的你牵着爸爸的手"……妈妈的态度让丁丁确信自己是被爱的，爸爸跟妈妈一样是爱自己的。

丁丁爸爸做得也很好，每次跟孩子通电话都专心致志，等女儿要挂电话了才停止；每隔一段时间也会来看丁丁，有的时候只是陪她游戏聊天，有的时候还跟妈妈一起带她出去玩，以至于丁丁都上学了，也不太确定父母是否真的分手了。有一天，已经上中学的丁丁正式地问妈妈这个问题，妈妈直言相告，并且跟她讲：离婚是因为爸爸妈妈两个人之间的问题导致的，和丁丁没有关系。爸爸仍然是一个很爱丁丁的称职的好爸爸。

同时，丁丁的奶奶也特别通情达理，答应丁丁妈妈有需要的时候可以随时帮忙带孩子，平时想孩子了也是跟妈妈商量什么时间方便可以看孩子，无论是饮食起居，还是面对孩子的行为表现，都会咨询妈妈的意见行事，决不做另起炉灶的事。

在这样特殊却不失融洽的环境中长大的丁丁身上，一点儿也没有其他单亲家庭的孩子容易出现的问题，而且，她活泼开朗、聪明自信，还特别有同理心，懂得关心身边的人。别人提到她父母的离婚时，她总是坦然地说："是的，我父母离婚了，但是那又有什么关系呢？他们都对我很好，我也爱着他们！"

家长之间出现问题并非走投无路，如果能够放下恩怨淡然面对，仍然可以为孩子创造出稳定融洽的成长环境，正如丁丁父母的做法，父母的责任并没有因为婚姻关系的变化而丧失，相互尊重与谅解，完全可以让孩子生活在充满阳光的世界中。孩子能够身心健康地快乐成长，对孩子自然至关重要，对家长也是莫大的欣慰和快乐。而现实生活中，家庭成员反目成仇，对每一个人而言都是悲剧，孩子自然也无法逃避负面的影响。

每个人都是独立的个体，家长和孩子一起又构成了一个特殊的集体，关系亲近本不该成为随心所欲的理由，而相互尊重、共同担责，才能为孩子撑起一片幸福成长的天。

02 妈妈好脾气，孩子不会耍脾气

人类的未来掌握在母亲手里，你信或不信，这句话都是真理。

人工智能突飞猛进的时代，比记忆、比速度、比逻辑，机器的本领不断令人类"蒙羞"，人类的智力终将被重新定义，我们究竟有什么是机器无法超越的？这其实不是一个技术问题，而是哲学问题，也是教育问题。作为人类至少有一点是卓然出群的，那就是我们拥有情绪与情感，与其说言行都由理智支配，倒不如承认情绪情感才是幕后的主宰。而每个孩子的心理健康和情感发展，都躲不开母亲深深的影响，即使妈妈把孩子丢给别人不亲自带，也会有挥之不去的影响。

◎ 无可替代的母爱

心理学研究告诉我们：亲密接触和爱比食物更加重要，剥夺母爱会产生严重的持久伤害。

对婴儿来说，母亲本身就是食物与爱的化身。妈妈温暖的怀抱、甘甜的乳汁都令这个小小的生命感到安心和舒适，孩子与母亲之间浑然天成的亲密连接，是任何其他抚养人所无法代替的。如果妈妈没有陪在身边或者即使近在眼前却不能细心照顾，孩子稚嫩的内心就会时时感到焦虑、失望，也会对未来产生莫名的担忧。

　　浩浩妈妈工作很忙，产假还没结束就上班去了，于是将浩浩交给奶奶来带。上班之后妈妈嫌挤奶麻烦，没有及时排空乳房，很快母乳就"捉襟见肘"了。没多久妈妈就给浩浩断了母乳，改喝奶粉。不用给孩子哺乳，妈妈更自由了，不仅常常加班到很晚才回家，时不时还有出差的任务。妈妈坦白自己比不上奶奶，与回家照顾孩子相比，她更愿意在单位加班。浩浩八个月的时候，妈妈因为工作出色，单位奖励出国旅游，浩浩妈妈也没舍得放弃，旅游半个月回来之后，孩子都不认识妈妈了。

　　日子一天天过去，到浩浩两岁体检时，医生发现浩浩的语言、认知和交往能力的发展都明显落后于同龄孩子，浩浩被诊断为发育迟缓。尽管奶奶照顾浩浩无微不至，但是毕竟年纪大了又不爱说话，平时很少和浩浩说话交流，也没精力跟孩子玩，带着到户外也只是晒晒太阳，为了安全还不敢让浩浩自己玩耍。更令妈妈担心的是，浩浩有时表现得很烦躁，不喜欢跟人对视，自己总是重复简单的游戏动作，孩子该不会得了孤独症吧？浩浩妈妈后悔莫及。

　　萍萍妈妈也是一位职业女性，不过她不仅亲喂母乳，还每天给萍萍做抚触。产假结束前，萍萍妈妈做了很多准备，提前把姥姥请到家里帮忙，吃喝拉撒睡都是怎么照顾的，跟姥姥交代得非常详细。上班之后，她不仅坚持吸奶以保证母乳分泌，回到家也一定先跟萍萍亲热一阵，洗澡哄睡都坚持自己来，还有每天的游戏时间一定雷打不动，自己工作上的事情都是等孩子睡熟了再行处理。几分耕耘几分收获，萍萍两岁的时候发育商达130分，在同龄孩子中属于优良水平，大家都羡慕萍萍妈妈工作、孩子两不误，双丰收。

　　不少年轻的妈妈，并不是不想自己带孩子，而是信心不够，想着自己缺乏经验，比不上奶奶、姥姥和育儿嫂，就用"专业人干专业事"来安慰自己，早早地把孩子交给其他抚养人。然而对孩子来说，妈妈是最重要的人，妈妈能够稳定地陪伴和照顾自己，自己才能获得心理满足和安全感。即便妈妈照顾自己并不得心应手，孩子也会用自己的方式告诉妈妈，比如用美美的微笑夸奖妈妈做得好，发出声音提醒妈妈要注意，发出尖叫或哭泣通知妈妈快改正等，长大之后他们就可以连说带比画地跟妈妈直接沟通。

　　在孩子与妈妈的良性互动当中，孩子不会在意妈妈一时的手忙脚乱，相反，当他们感觉到妈妈越来越懂自己，越来越会照护自己的时候，除了安全和舒适，他们还能感受到一种幸福的成就感。如此积极的体验将成为可贵的心灵营养，沉淀到孩子的潜意识里，呵护着他们日后的心理健康和情感发展。

　　◎ **先抚平自己的情绪，再解决孩子的问题**

　　心理学中有一个形象的比喻——孩子是情绪的俘虏，意思是说，当情绪高涨的时候，孩子的言行完全被情绪驾驭，不可能冷静下来理智地思考，无论当时是高兴等积极情绪还是忧伤等消极情绪。孩子耍赖，有时是在用伪装的方式试图操纵家长，但更多的情况是孩子被情绪左右，在这样的心理状态之下，父母期望跟孩子讲道理基本上是不现实的。

　　换一个角度来讲，情绪具有很强的感染力，大家可能常常见到一两个孩子大声哭泣会"传染"给周围小伙伴的情景，即便是成人之间，两个人吵架越吵越凶的背后也有情绪相互感染的因素。其实，无论年龄大小、辈分高低，任何人都难以摆脱情绪的作用，日常生活中，人们常说"别跟孩子一般见识"，这句话的背后道明了家长也会受到孩子的影响。面对孩子耍赖闹情绪，家长也情绪满满，特别激动，往往会让问题雪上加霜。

牛牛快要上小学了，爸妈曾经为了要不要上学前班的问题四处取经，鉴于牛牛在幼儿园大班就经常坐不住，被老师评价为"很聪明、爱捣蛋"的孩子，反复斟酌之后，他们还是决定送牛牛到学前班进行适应性锻炼。

学前班跟幼儿园有很大不同，比如小朋友都得整齐地坐在小课桌前，每节课的时间也从30分钟到45分钟不断拉长等，这些变化对牛牛确实是个挑战。刚去一周，老师在家长沟通会后就单独请牛牛妈妈留下来谈话，原因是牛牛总动来动去，还招惹其他小朋友……随后老师建议家长配合在家也进行锻炼，还特别强调要逐步引导而不能硬来。

牛牛爸妈开始进行家庭训练，起初牛牛一旦开始扭动身体想要离开小椅子，妈妈就会心急地教训他，然后牛牛就会找辙说渴了、饿了想要中断练习，弄得妈妈火冒三丈。虽然在高压之下牛牛勉强能继续坐在桌子前面，但接下来却抓耳挠腮小动作不断。

如此下去孩子上学可怎么办啊？牛牛爸妈请教专家之后，改发火训斥为心平气和地提要求，而且每次只提简单要求，比如再做一道练习就可以休息啦，再坚持两分钟就可以玩一会儿……看似简单的方式果然奏效，牛牛真的明显进步了。

家长发脾气教训孩子的时候，他们会是怎样的感受和反应呢？不同气质个性的孩子的感受和反应可能完全不同。

家长经常发脾气，有的孩子渐渐产生了耐受力，你发火我当没听见、没看见，或者就忍一下，反正过后又不能怎样，孩子依然故我，行为并不会真正改善；还有一些孩子，会被家长的怒火吓到，本能地产生战斗或逃跑的反应，战斗模式就是你发火我哭闹，比比究竟谁更有耐心能坚持到底，而逃跑模式就是惹不起躲得起，或转移话题或暂时认怂，回避掉麻烦再说。无论哪种情况，孩子主要是在应对家长的情绪，而不是在解决自身的问题。

　　另外，家长如果被情绪左右，也很难冷静地思考，常常不再是真正要解决孩子的问题，而是在释放自己的不满，更麻烦的是，这样的表现无意中还给孩子做了示范——爸爸妈妈遇到问题就用发脾气、"耍赖"来解决，以后我遇到问题也用这样的办法。

　　面对孩子尤其是扮熊耍赖的孩子，家长必须先要平复自己的情绪，才可能表现出合适的言行，才能够真正解决问题。调整平复情绪对家长自己也不容易，需要不断提醒自己，也需要一些具体的方法，比如调息法——愤怒失望的情绪来了，先不要做任何反应，深呼吸 10 ~ 20 次感觉自己能够心平气和之后再采取行动；再比如数数法——可以在心里默数也可以干脆大声数出来，一直数到自己情绪重新接受理智的控制再行动；除此之外，还可以用"冷板凳法""暂时搁置法"等，反正至少要认清一点，家长只有能够控制好自己的脾气，才能解决孩子耍赖发脾气的问题。

◎ 面对孩子耍赖，做到冷静而不冷漠

　　孩子耍赖之所以不好对付，就是因为有时候会让父母陷于两难的境地，"强力镇压"弄不好会火上浇油，孩子会闹得更凶，又可能伤害到孩子；相反，采用柔和的办法有的时候涉嫌纵容，二者之间的平衡的确不大容易把握。

　　从亲子双方的角度考虑，既要家长便于掌握应用，又要在不伤及孩子的前提下发挥效力，采用冷静而不冷漠的方式应对，是非常重要的原则。

棒棒小时候，妈妈认为孩子不喝水容易上火，总是想方设法让孩子多喝水，可是给白水的时候棒棒经常拒绝，所以妈妈就给他亲手制作各种各样的果汁，小朋友倒是蛮受用的。

棒棒上幼儿园之后，在园里能够跟其他小伙伴一样，听从老师的要求只喝白水，虽然他每次都喝不多，然而回到家里他就要各种饮料。跟大多数家长一样，孩子长大以后妈妈很少亲手制作全部饮食，为了省事，时不时就会买些饮料，尽管她心里也总是有些担心，比如会不会有各种不健康的添加剂，糖分会不会太多等。

随着时间的推移，棒棒妈妈曾经的小担心变成了大担忧，因为棒棒对饮料越来越爱，也越喝越多，引起了全家人的警惕，家人都开始反对。妈妈终于下决心要改掉棒棒这个坏习惯，但她明显低估了问题的难度。棒棒要喝饮料遭到拒绝的时候，会没完没了地闹，有时哭，有时嚷，有时装可怜，有时搞破坏，家长威逼利诱全都无效，妥协几次之后，棒棒妈妈发现棒棒饮料没少喝多少，耍赖的本领却大有长进……

经多方咨询之后，妈妈终于找到了有效的办法：每次棒棒一闹，妈妈既不恼也不躲，而是拉着棒棒的手或拍着棒棒的背，表示对他的心疼和关心，但就是坚持不再给饮料。棒棒发现耍赖不管用了，而且面对和蔼的妈妈，他似乎找不到耍赖的支点了，自己想闹也闹不大了，有时候喊累了，只好喝点白水，慢慢地也就改掉了爱喝饮料的坏习惯。

冷静而不冷漠的原则之所以很容易产生奇效，是因为在照顾了孩子的心理的基础上进行行为的限制，两个方向可以平衡发力。家长冷静下来，自然可以关照到孩子的心理，同时辅以温情的抚摸、关爱的轻拍、柔和的劝说等，可以向孩子传达对他们的关心和爱护，让孩子感受到温情，从而获得心理安全感，而完全体会不到冷漠与忽视。同时冷静下来，就可以做到坚持原则，面对孩子的不合理要求或者不良表现，既不施压打击，也不妥协纵容，而是缓和地给孩子一些时间让他们自己努力调整。

孩子无论做什么，一定不会难为自己，在充分感受到父母关爱的状态下，再不丢下耍赖的方式，那岂不是自寻烦恼？不冷漠就是要充分表达对孩子本人的关心，冷静就是对不良行为的限制，领会了这个实质，就可以在现实生活中活学活用了。

03 循序渐进立规矩，启动孩子的自我约束力

人们常说"没有规矩，不成方圆"，但是对于快速成长中的孩子来说，不适当的规矩却可能限制甚至阻碍他们的发展。在不同的年龄阶段，针对不同的情境和事项，哪些地方可以设置什么样的规矩，什么情况不该人为设定限制，需要父母认真谨慎地对待。

规矩设早了可能羁绊孩子成长的脚步，设晚了会导致成长经历不必要的弯路；规矩复杂了孩子难以理解，更难以执行，即便被动遵从了也不一定能培养出好的习惯；规矩如果只是强加于孩子身上，就难以内化为孩子自觉的行为，而只有孩子乐于接受的适宜规则，才能产生积极的效果。

◎ 适时建立规则，让孩子知道界限

对于一岁以内的婴儿，可以说怎么宠爱都不算过分，因为他们的要求都是合理的，父母需要注意的是对待孩子的方式。给一岁之内的小宝宝设置规则，都有妨碍发展的嫌疑，有的家长可能会问，难道孩子去触碰危险的东西，如电源插座、药品、刀具等，也不应该制止吗？小孩子当然不可以接触危及安全和健康的东西，但父母要做的不是限制孩子，而是事先打理环境，把任何可能伤及孩子的物件全都妥善收纳起来。

　　一岁之后，孩子主动活动的能力大大提高，自主意识也快速发展，再也不像小时候那么容易掌控了。然而，两岁之内的孩子即使他们有时会倔强地耍赖，但在不那么赏心悦目的表现背后，其内在需求仍然是合理的，父母真正应该注意的，是用不同的回应来鼓励或者制约孩子的行为。

　　通常到两岁以后，对孩子的管理就应该登场了。通过设置简单的规则，让他们明白哪些事情不可以做，哪些界限不可以逾越，而在界限之内只要不破坏规则，就应当允许孩子自由地尝试和探索。

　　奇奇是个活泼好动的孩子，精力旺盛又充满探索精神，像很多小孩一样，他看到家长出入厨房，然后像变魔术一样弄出来各种美食，便渴望着到厨房探索一番。奇奇的家长知道厨房应该是小孩子的禁地，因为不仅锋利的刀具和火源很危险，沉重的炊具、易碎的餐具和很多调料对于孩子来说也不安全，所以大家都养成了随手关门的习惯，每次奇奇哭喊着要跟着家人去厨房时都会被拒之门外，好在年龄还小，通过转移注意力奇奇很快就不闹了。

　　两岁以后，小家伙学会了自己拧开门把手，这下麻烦来了，奇奇时不时会心血来潮地去开厨房的门，家长为这个事专门开了个小会，商量着是该锁上厨房的门还是应该给奇奇立个规矩。

　　奇奇妈妈不愧是学习型的家长，跟家里人建议："锁门不现实，大人做饭出来进去太麻烦，而且奇奇大了，也该让他明白有些事就是不能做的规矩了。"于是全家人同意把不许奇奇进厨房作为建立规则的一项训练，而且全家人都要参与到训练中来。

　　为了让奇奇更容易理解，奇奇爸爸特地买了一段黑黄相间的斑马线贴在厨房门口外，认真严肃地告诉奇奇不可以跨过这条"警戒线"。随后，大家的重点不再是及时关闭厨房门，而是"监管"奇奇不越线。每次奇奇试图强行闯入，都会被抓住并"不许动10秒钟"，无论他怎么哭喊，妈妈和其他家长就是告诉他不可以走过警戒线……初步适应习惯之后，为了强化训练效果，有时候阿姨会故意在厨房招呼奇奇，然后妈妈爸爸在一边监督。经过一段时间的强化巩固，后来无论谁在厨房叫奇奇，他都只是站在"警戒线"外面回应，再不试图逾越了。

起初给孩子立规矩不能指望讲讲道理就成，尽管通过讲故事、打比方可以在一定程度上帮助孩子理解，但更重要的是划定行为界限和培养行为习惯。习惯是靠行动养成的，而不是靠道理来约束的。

开始的时候，孩子难免会因为行为受限而不快，他们也常会通过耍赖的方式尝试突破限制，这是考验家长的时候。如果父母不再坚守界限，转而去关注孩子耍赖的问题，那很可能会按下葫芦起来瓢，没完没了地在规则上跟孩子拉锯，也会一而再，再而三地面对孩子挑战规则的耍赖表现。因为孩子会通过耍赖测试家长的底线，他们只有摸清了底线在哪里，才会停止试探。建立起规则并培养孩子的规矩意识，才是避免重复耍赖的治本之策。

只要规则本身是合理适度的，遵守规则的训练不会限制孩子发展，也不会破坏安全感，反倒会让孩子感到安全。孩子通过规则训练，逐渐明白每个人的行为都应该有所控制，而且控制自己的冲动能得到大家的认可，他们就开始建立起规矩意识，明白每个人都在避免伤及自己或危及他人。对规则的认知，关系到孩子社会性的发展。

◎ 规则简单清晰，执行要到位

俗话说"胶多了不黏"，给孩子立规矩需要防止两个误区：一个是规则太多；另一个是要求太高。

所谓规则，无论是要做什么、怎么做，还是不能做什么，都需要孩子调整原有的自然行为，直到养成新的行为习惯。假如规则太多，孩子会感到处处受限，必然会有意无意地破戒，遭到家长的批评训斥时总会或多或少地通过耍赖进行抵抗。对家长来说，每每都要盯着孩子也会不胜其累，时不时的疏忽会破坏规则的严肃性，就算每次都能发现孩子违反规则，可面对孩子激烈的反应也很难一以贯之地妥善处置。根据大多数父母的经验，在同一段时间内，要建立三个新的规则基本上就是极限了，家长和孩子都会感受到不小的压力。

每一项规则要求到什么程度，必须跟孩子的年龄和行为能力相适应，过高、过严的要求，孩子也很难做到位，到头来不是规则形同虚设，就是家长和孩子两败俱伤。比如要求两三岁的孩子见人主动打招呼，孩子无法理解礼貌是什么东西，有什么意义，除了极少数小朋友勉强能够做到，大多数都无法执行到位。

制订适合的规则不容易，制订好之后严格执行则更加重要，否则不仅规矩本身立不起来，还会影响孩子建立规矩意识，为日后留下麻烦和隐患。

时光飞逝，转眼小美就到了上学的年纪。都说万事开头难，妈妈既高兴又有点担心，高兴的是孩子长大了，进入了新的阶段；担心的是小美能不能很好地适应这个转折。为了打个好基础，妈妈决定给小美立些规矩，培养她热爱学习的好习惯。

妈妈告诉小美要做一个主动学习的好学生，每天放学到家至吃晚饭前需要朗读或者背诵一个故事，可以是在学校学的课文也可以是妈妈为她准备的课外书，遇到不认识的字可以提前问妈妈，不能找借口逃避执行。

开始的时候妈妈盯得很紧，小美也觉得新鲜有趣，两个人都认为这是个"好规则"，然而没过几天小美遇到了困难，感到了压力，她不再像开始的几天主动找妈妈朗读背诵，妈妈催促急了才开始准备，并找一些问题表面上"请教"妈妈，实际上在搞拖延战术，时不时拖到吃晚饭了也没执行。有时候小美妈妈自己也忘了，有时候又觉得耽误吃饭也不合适，加上爸爸和奶奶常说情——吃完饭再背吧，小美妈妈便顺水推舟了。

不知不觉中，这个培养学习习惯的规则就被抛到了脑后，直到小美放假，妈妈才猛然想起。为了不再前功尽弃，小美妈妈认真反省之后决定重新提高执行力度，一方面在手机上给自己设置了每日提醒，同时给小美增加了一项配套的奖励规则：每天顺利完成任务之后可以获得一朵小红花，每周集齐五朵小红花后可以换成一个大五星，每个月用四个大五星可以向妈妈要一个礼物。这次双管齐下，小美总体上表现得积极主动，偶尔打了退堂鼓妈妈也会恩威并施，第二个学期小美真就圆满地执行了规则，更令小美妈妈备感欣慰的是，老师夸赞小美是班里面学习习惯最好的孩子。

只有被严格执行的规则才是有效的，要执行规则不是一件容易的事。家长如果只做规则的监督者，孩子往往只会被动地服从，虽然贯彻始终也能培养成为行为习惯，但他们并未获得主动约束自我行为的本领。

更积极的方式是父母不仅要限制孩子违反规则的行为，更要鼓励孩子遵守规则的正面表现，有罚有奖两手都硬才更能提升建立规则的效率。从心理倾向出发，鼓励永远都比惩戒更加积极和有效，对成人如此，对孩子更是如此。很多时候，当孩子感到遵守规则和维护规则是一件有益的事时，他们就愿意主动地调整自己的行为，把规则内化于心外化于行，持续地表现出家长所期望的好习惯。

◎ 规则要严肃，全家人都须遵守

模仿他人是孩子重要的学习方式之一，家人和小伙伴是孩子主要的模仿对象。孩子面对特定的情境和任务时会怎么做，常常都有亲人的影子，有一些是孩子有意识地主动模仿，还有一些是无意识的耳濡目染。

很多家长给孩子制订规则时思维是单向的，也就是只想着孩子应该怎么做和不能怎么做，却较少意识到自己在怎么做或会怎么做。如果规矩涉及的事项仅仅发生在孩子身上，父母需要留意一下同龄的小伙伴大概是什么样子，特立独行或差异巨大的要求有可能面临巨大困难，孩子没有遵从父母会引起亲子冲突，在小朋友中"标新立异"则会引发冲突。

还有很多事项，大人、孩子都会参与其中，如果对孩子的要求跟家长自身的行为相去甚远，孩子要么会感到疑惑——为什么你们往东却让我往西呢？要么干脆置若罔闻，一旦遭遇家长质疑就拿出"你们大人就是这样的"进行抗拒。希望孩子懂界限、守规矩，家长须以身作则，这样不仅管控孩子的时候有底气，自己本身的做法也会成为孩子的榜样。

宽宽妈妈深知营养均衡的重要性，大概因为自己挑食，所以特别不想把坏毛病"遗传"给孩子。她不仅从小鼓励宽宽接受各种食物，而且小心地"保护"自己，不要在宽宽面前"暴露"。

然而宽宽似乎遗传了妈妈的敏感，他虽然没有对任何食物真正过敏，但时常会说某种蔬菜不好吃、某次的鱼肉不新鲜、某些菜品味道差……弄得妈妈心里紧张兮兮，还得表面装作轻松淡定，一面好言相劝，一面严肃正告"不许挑食"。

虽说小心驶得万年船，但母子之间长年累月相伴生活，妈妈挑食的问题很难完全不露马脚。有一次同学聚会，妈妈带着宽宽一起去，其间闺密热情地给宽宽妈妈夹菜，宽宽妈妈还没来得及提醒，面前的盘子里已经出现了她特别不爱吃的香菜和五花肉，情急之下宽宽妈妈脱口而出："我不吃这个，快夹走！"哪知闺密接得更快："噢噢，我都忘了你是个挑食鬼，现在有了宝贝还没改呀……"

妈妈看着身边错愕的宽宽，心里七上八下、斗争激烈，最后她下定决心，为了孩子，一定不能前功尽弃，便咬咬牙对着宽宽说："妈妈就是小时候挑食，所以老生病而且也没长大个儿，宽宽一定不能挑食，而且妈妈要请你当'警察'，监督妈妈改正挑食的毛病，好不好？"

养儿育女就是一项艰巨的挑战，几乎每个成年人或多或少都有点不太好的习惯，比如不文明的口头禅、不雅观的小动作、不健康的嗜好等，谁都不希望自己不好的毛病被孩子学了去，但多年养成的习惯哪是说改就能改的呢？那么这个难题又要怎么解决呢？

都说孩子是天使，仔细想想天使不只是可爱，他们还应该肩负使命，其中之一就是重塑父母，爸爸妈妈心理和行为上的偏差，有些时候只有"为了孩子"的强大责任感带来的"洪荒之力"，才有可能得到拯救与改善。当然这个困难的过程需要父母拿出诚心和毅力。

为了不让孩子承袭旧恶，家长需要仔细地排查自己身上的问题，有意识地提醒和管控自己，必要的时候还需要在孩子面前做检讨，用反面典型来发挥正面作用。除此之外还有一个能够发挥效力的办法，就是像宽宽妈妈一样请孩子做"警察"，监督和纠正自己的坏习惯，可以起到一举两得的效果。

有调查提示，成功人士最重要的特质之一，就是他们更愿约束自我，也更有能力自我管控。给孩子立规矩，帮孩子培养习惯，家长不能把自己置于超脱的地位搞双重标准，尤其是一些原则性的规矩，只有全家人无一例外地遵守规则，才能让孩子真正认清规则、尊重规则，发展主动约束自我的本领。

◎ 树立家长权威，才能维护规则

为什么有的孩子比较听家长的话，有的却完全不把家长放在眼里？为什么有的父母跟孩子说句话就好使，有的苦口婆心加上威逼利诱但孩子仍然要赖不止呢？

人有一种遵从权威的社会性本能，因为权威能够带来安全和效率。首先，权威拥有某种普通人不具备的力量，它或许是地位、权力，也可能是知识、经验。听权威的指挥，跟着权威"混"，不仅可以回避风险，也能够得到很多支持，而跟权威对着干就好比自找麻烦甚至以卵击石。

再者，权威具有的知识经验加上可以调动的资源，通常都有助于更快地完成任务、实现目标，服从权威的指导，跟着权威干，往往可以少走弯路；而什么事都要亲身尝试，单单依靠积累直接经验获取进步，会是一个漫长的过程，非常容易落在同伴的后面，失去机会和竞争优势。

人类社会中只有极少数人堪当权威，他们或是天赋不凡，或是命运使然，而大多数人顶多可以做个局部的小权威，同时遵从更强势的大权威。那些不自量力、妄自尊大的家伙，结局大多不会太好，那些被动担当领袖的人物，常常令人唏嘘。

在孩子成长的过程中，他们一直在寻求权威和摆脱威权之间拿捏平衡；如上所言，寻求权威就是期望获得安全和效率，摆脱威权则是为了锻炼自己、提升本领，两者缺一不可。

孩子寻找权威可不只是看脸，他们也会考验预设的目标人选，通过自己在各项事务中的切身体验并参照其他人的经历和评价进行遴选，认定之后便会真心遵从。

每一位家长都有机会成为孩子心目中的真正权威，但请注意只是有机会，因为树立权威需要一个过程，更需要经历一次次的检验，友谊的小船不一定说翻就翻，但权威的大船一旦翻了再要重立会难上加难。

父母一定要明白权威和威权的区别，权威家长是孩子从内心里高度认可和信任的人，而威权家长是孩子迫于淫威暂且无奈服从的对象。那些靠咆哮喝退孩子耍赖行为的家长，充其量就是个威权，而连打带骂后孩子仍然闹熊耍赖的家长连威权可能都算不上，虽偶尔也能制止孩子，大多都是临时的"胜利"，孩子回过头来仍然会"再犯"。

老百姓常说，家里一定要有个让孩子怕的人，其实这个"怕"就有两种不同的含义：一种是孩子明白不应违背的权威，之所以顺从并非源于恐惧；另一种是孩子为担忧面临责罚而恐惧逃避的威权。

要做权威家长，核心的要素是懂得孩子的心理和明白孩子的需要，而且能够找到孩子可以接受的出路。孩子感受到遵从权威家长的指示，可以获得利益，无论是安全、效率、化解问题，还是现实的好处，反正就是得大于失。

限于篇幅这里不再具体讲解父母如何树立权威，烦请大家认真思考。需要强调的是，在管控和改善孩子耍赖的行为、在订立和维护必要规则、在引领孩子成长尤其是社会性发展方面，权威家长可以发挥重要的积极作用。

04 积极守护孩子的成长，彻底"根除"耍赖

消极情绪本身也有正面价值，但反复体验消极情绪就会积聚太多负能量；孩子的行为总会出现偏差，但反复演练不良行为就会养成坏习惯。与其学习更多方法处理孩子耍赖的表现，不如更加用心于积极守护孩子成长，把重要的事情用正确的方式处理好，才是彻底"根除"耍赖，防止成长当中的波折埋下隐患的正解。

◎ 示范和引导，帮助孩子学会积极表达

孩子的成长是一个逐步摆脱自我中心，渐渐把自我融入社会群体的过程。在这个过程中，孩子要慢慢学会了解规则并逐渐控制自己的冲动，改变直来直去、释放自我的简单方式，采用更适应环境和他人的温和方式进行表达。

正如动作、语言等其他本领都有一个不断练习提高的过程一样，改变直抒胸臆的耍赖模式也需要一个学习磨炼的过程。因而简单制止孩子哭闹耍赖，常常只是表面上解决了问题，下一次哭闹耍赖仍然无法避免，出现"耍赖—制止—再耍赖—再制止"的负面循环局面。

家长通过示范和引导，教给孩子更积极、更高级的表达方式更为重要，当孩子学会了用新的方法释放情绪，掌握了用新的本领表达需求，他们自己就

会主动地放弃更幼稚的耍赖模式。

　　菲菲是个非常爱美的漂亮女生，从三岁开始就喜欢自己挑选穿什么衣服。春天伊始，妈妈带着菲菲一起整理衣物，她一下子看到了自己漂亮的花裙子，抓过来套在身上又唱又跳，睡觉时还要把花裙子放在身边。第二天是个周末，妈妈准备带菲菲出去玩，可是她起床后坚持就穿这个花裙子，"外面冷啊，花裙子要等到夏天才能穿出去……"妈妈试图好言相劝，但菲菲却不依不饶。

　　面对这种局面，很多家长都没有足够耐心去疏导不懂道理的"熊孩子"，最后孩子耍赖、家长发火引起一场"战争"。然而菲菲妈妈懂得示范引导的重要性，她找出一个绘本，根据菲菲喜欢的角色编了一个故事，"蜜蜂公主天气还冷就闹着要穿上花裙子出门，小伙伴有的来劝她，有的还笑话她'美丽冻人'，但是蜜蜂公主太想美了，坚持穿花裙子出门，可出去时正好赶上刮大风，回到家就感冒了，又打针又吃药……"讲着讲着妈妈发现菲菲已经动摇了，于是趁热打铁地给她找了一个台阶，"咱们把花裙子挂在你的衣柜里，这样天气暖和了，你今年第一次穿裙子就选这件，好不好？"菲菲点了点头但还不够坚定，妈妈顺势再加把劲说："菲菲真是懂事啦，快看看今天出门你要穿哪一件漂亮的外套吧？"话音未落，菲菲就高兴地行动起来了。

　　所谓引导是先要认清孩子的心理，了解他们的想法，然后顺势而为，因势利导，而不是生硬地要求或者制止。菲菲妈妈知道女儿执意想穿花裙子既是因为自己喜欢，也是想要得到大家的夸奖，就通过故事告诉她，小朋友不仅不会夸，还会劝甚至笑话她，更严重的是坚持"错误"的结果是打针吃药，最后又抓住时机让孩子自己挑选一件漂亮的外套。如此一堵一疏完全掌握了孩子的心理，既避免了孩子可能耍赖的糟糕局面，又保护了孩子内心的愿望。

根据孩子的需要、想法和冲动，引着他们拐个弯，再指出一条可行的路，常能起到"柳暗花明又一村"的效果。而要让孩子容易明白和乐于接受，空讲大道理恐怕不行，要采用符合孩子认知水平和特点的方式，具体形象地通过比喻、示范，帮助他们理解为什么，提示他们可以怎么做。

积极的表达方式应该让亲子双方都乐于接受才行。希望孩子表现得更积极，首先家长要习惯于采用积极的方式处理问题，这种身体力行的教导，可以帮助孩子积累正面的经验，并潜移默化地学会更高级的行为方式，成长为一个更加懂事、自律、积极、乐观的人。

◎ 防患于未然，预防耍赖更重要

行动改变态度，行动改变思想，行为模式变了，态度和思想就会随之改变。孩子用耍赖的方式寻求关注，用哭闹的方式乞求满足，其本质是对自己缺少信心、对家长可以照顾满足自己带有疑问。类似的行为重复越多，相应的想法就越严重。

耍赖行为本身是一个逐渐展开的过程，除非遇到强烈的、突然的刺激，大多数情况下耍赖都要经过几个环节：酝酿—发动—进入高潮—实现目标或者放弃目标后消退，这期间可能还会经历一些波峰、波谷。当孩子的情绪和行为反应进入高潮的时候，父母想要立即控制和改变是非常困难的，而在耍赖行为酝酿和起步发动阶段制止就要容易得多，这就好比驾驶的时候进行刹车，车子刚起步时一下就能刹住，但飙到 100 千米 / 小时的时候就没可能立刻刹住。

所以家长不能等孩子闹急了、脾气大爆发时再处置，而要努力把不好的行为"扼杀在摇篮里"，在孩子正要耍闹或刚刚开始发动的时候迅速反应，通过积极的应对快速化解"危机"。当然，最积极的方式是提高预见性，防患于未然，在孩子尚未开启耍赖模式之前就把"熊模式"的开关给关掉。

潇潇近来最喜欢的活动就是到水上乐园去玩，其中最爱的项目就是妈妈陪着他登上高高的水滑梯，冲下来的时候在下面被爸爸接住。为了抓住这个机会增进父子情谊，爸爸努力调整自己的时间，每周都带潇潇一起去潇洒一番，潇潇也满心期待，每到周五就会问明天什么时候出发。

这个周末爸爸有重要的事项需要处理，一大早没等潇潇起床就离开了家，潇潇妈妈便提前思忖着怎么化解孩子的情绪。果然，潇潇一睁眼就跟妈妈说："咱们吃完饭就出发吧！""你先起床吧，爸爸出去有重要的事，一会妈妈给爸爸打个电话。"这时妈妈已经察觉到潇潇的些许失望和不满，"已经有段时间没闹脾气了，这一次得想办法遏制住！"潇潇妈妈心想。

吃早饭的时候，潇潇显然准备发起攻击了，"妈妈给爸爸打电话！"他一边吃一边冲妈妈说。"好，等你吃完，妈妈就打。""你现在就去打吧！"看来风雨欲来啊，妈妈急忙转身走进卧室，为的是不让潇潇在自己面前直接开始耍赖。

静静地深呼吸十次之后，妈妈回到潇潇身边，未等他开口追问就先大声说"有个好消息……还有个坏消息"，看潇潇愣了一下，妈妈便接着说："好消息是你最喜欢吃的大樱桃熟了，咱们可以去樱桃园采摘了；坏消息是爸爸今天回不来。"为了不给潇潇爆发的机会，妈妈直接给出选项，"所以呢，今天没办法去水上乐园了，第一个选择是在家玩，第二个选择是妈妈带你去采摘大樱桃，条件就是不许耍赖"。潇潇盯着妈妈看了足足有一分钟，或许是内心在斗争，或许是盘算着要不要耍赖抗争一下，最后妈妈温和又坚定的眼神发挥了作用，"哎呀，这个爸爸就会忙，那咱们去摘樱桃吧，等爸爸回来再去玩水滑梯。"哈哈，小朋友不仅没发泄，还给自己找了个台阶下。

孩子并非以耍赖为乐，他们其实是通情达理的，只是这个"理"要符合他们的认知，也要符合他们的利益。潇潇妈妈事先预见到了可能的困境，没有简单地无谓解释，而是给了孩子新的有利的出路，而且态度坦然和坚定，这一连串的安排，正是预防孩子耍赖的关键要素。

首先，孩子不会无缘无故地耍赖，如果家长认为无缘无故，只能说是忽略了或者没有找到诱发的因素，预防孩子耍赖首先就要排除引起耍赖的那个缘故。其次，孩子耍赖总会有诉求，尽管偶尔他们自己也可能搞不清想要什么，比如期望父母对待自己有个积极的态度。多数情况下孩子的诉求都是合理的，有一些表面上看起来不好，但背后的需要却并非全无道理。换个方式满足孩子合理的需要，一定会比暂时搁置不理来得积极。再次，孩子刚刚开始耍闹的时候，家长的反应极为关键，浇水可以灭火而浇油会让小火迅速烧旺。

所有的家长都要不断提醒自己，防控孩子重复耍赖的行为，既是治标也是治本，消除不好的行为模式，不是一次次的打压，而是不让它一再重复上演。凡事做好事先的准备，对可能的意外做个预案，想到不同状况的解决出路，还可以进行模拟练习，反正父母真能做到有备才可期待无患。

◎ 父母的关爱，要让孩子感受到

爱是孩子成长的动力，也是孩子心理健康的基础。要想孩子建立起安全感，那就尽情地爱你的孩子吧！

爱孩子说起来很简单，有哪位父母不爱自己的孩子呢？有人说"爱孩子是连母鸡都会做的事"，好像凭借本能就可以做好，但现实中不少妈妈都不太会爱孩子，或者说爱的做法是有问题的。毋庸置疑，爱是需要学习的，单单凭借本能远远不够，爱孩子不是父母自身的体验，而是必须让孩子真真切切地感受到才行。

要让孩子感受到父母爱的是他这个人，而不是他做的事。常常听到有妈妈说"如果你乖，妈妈就爱你""如果你要赖，妈妈就不爱你了"，这样说有错吗？妈妈不就是想让孩子好好表现吗？换作孩子的角度，这些话听起来更像是交易，如果自己哪里做得不如人意，爱就可能飞走，而他们真正想要的是稳定的无条件的爱，哪怕我"作"一"作"，妈妈都会不离不弃，都会爱我才行。

孩子是非常单纯和现实的，他们不需要父母把爱当作口号挂在嘴边，而是需要在生活中有亲人陪伴，在点滴之间有家人呵护，在遇到困难的时候有人帮助，在取得进步的时候有人真心喝彩。

小李生二宝的时候大宝已经四岁了，本以为基本度过了亲子依恋的关键期，大宝在幼儿园和家里表现都不错，想着二宝来了会锦上添花。然而世事难料，大宝见到二宝兴奋一阵之后，问了妈妈几个非常严重的问题："妈妈以后是不是没时间陪我玩了？""妈妈你是更喜欢二宝还是更喜欢我？"

小李开始没有过多考虑，自然地回应孩子，"妈妈爱你也爱二宝，你们都是妈妈最爱的人""妈妈当然还会抽时间陪你玩，只是二宝还小，妈妈要照顾他可能多一点，等二宝长大了咱们就可以一起玩了"。这些话听起来似乎没毛病，但是细心的大宝捕捉到了几个重点词汇，"也""还""抽时间""等二宝长大了"……没过多久，小李发现大宝有点越来越不懂事了，经常是妈妈哄二宝的时候或者在给二宝喂奶洗澡的时候，大声嚷嚷说："妈妈陪我玩一会吧！""大宝乖，妈妈照顾好弟弟就去陪你啊！"这个回答似乎并不出乎大宝的意料，他没有像其他一些孩子那样要赖纠缠，而是给二宝起了两个外号："爱哭鬼"和"磨蹭蛋"，不时指着二宝"骂"上一顿。

好在妈妈从中读出了大宝的不满，她感觉到了大宝的感受——自己变成了二等公民，什么事情都要等到二宝之后，大宝会不会怀疑妈妈不变的爱呢？

太多的妈妈似乎本能地认为大孩子就应该懂事，应该知道让着弟弟妹妹，应该懂得体谅妈妈，但是小李不是一般的妈妈，她曾经读过的书和请教专家获得的知识如今派上了用场，她要用行动来安大宝的心，让他确信妈妈的爱丝毫没有减退。

小李每天设置了大宝时间，雷打不动地专门陪大宝做游戏讲故事；照顾二宝的时候也经常请大宝来帮忙，而且不失时机地夸赞大宝是妈妈的好帮手；在陪二宝游戏的时候，也特别注意让大宝有事做，还经常说大宝比妈妈更会逗二宝开心呢。在喂奶、换尿布等走不开的时候遇到大宝招呼自己，不再说"等照顾完二宝再陪你"，而是改说"二宝就快好了，你要是着急就来帮妈妈一下好吗"。尽管妈妈并非就需要大宝搭把手，但感觉上大宝是妈妈的"自己人"，小小的转变明显产生了效果，大宝再也不叫二宝的外号了，而是常说"哥哥来了""哥哥帮妈妈照顾你啊"。

让孩子感受到父母的爱，首先是要让他感受到接纳、尊重和认可，父母要足够在意孩子的诉求，及时对孩子的言行做出回应，不搭理或等一等常会令孩子感受到父母跟自己有距离。人常说第一印象很重要，其实第一反应也很重要，第一反应积极会令孩子安心，哪怕是反应之后需要有所等待，也总比等待之后再做反应好得多。

尊重孩子不是一句空话，要设身处地考虑孩子的感受，认真倾听他们的诉求和需要，不要一上来就发表评论、提出要求，先试着问问要什么和为什么，真诚地去了解和理解孩子的想法，而不是拖延、敷衍或者拷问，这样孩子就能够感受到父母的态度，就能够坦然地跟父母交流。

陪伴孩子的时候不仅人要在，心也要在，现在参加重要活动都知道先关掉手机，如果陪着孩子的同时还在忙自己的"私事"，陪伴似乎就是在做样子，陪伴的质量就会大打折扣，比如在跟孩子对话时接打电话，会让孩子感觉自己被晾在一旁，显然是个次要角色。努力做到跟孩子共情，欢乐他们的欢乐，忧伤他们的忧伤，父母跟孩子的心就会越贴越近。

看到孩子的努力和点滴进步，父母都应该发自内心地赞赏，向孩子传递浓情蜜意。小孩子战胜了挑战和完成了任务的时候，会产生朦胧的成就感，这时候他们往往会通过观察亲人的态度进行求证。我们常常见到这样的镜头，一岁前后的宝宝自己做了个动作，然后高兴地拍手庆贺，而且会邀请在场的每个人都拍手捧场，这是孩子在直率表达对赞赏的需求；长大一些之后，他们虽然不再赤裸裸地讨取喝彩，但内心对于认可和赞赏的渴望却有增无减，即使自己没有获得像样的进步，仅仅是做出更多的努力，也特别期盼能够获得家人的认可。

爱需要稳定地给予，越小的孩子对稳定的要求越高，小时候爱的体验越丰富，心理安全感就越牢固，应对环境变化和挑战的本领就越强，耍赖的机会就越少。

◎ 积极应对问题，铲除耍赖的土壤

教育孩子的过程就是不断解决问题的过程，问题处理得当便是可贵的记忆，家长、朋友之间聊起来都是有趣的谈资；处理不当则会成为可怕的梦魇，让家长叫苦不迭，令孩子心神不宁。

无论是饮食、睡眠、交往、分离，只要父母能够准确把握孩子的心理，懂得孩子的成长需要，恰当积极地应对问题，就可以从根本上铲除孩子耍赖的土壤，让亲子双方享受更多快乐而不是陷入烦恼。

饮食方面，家长常会抱怨孩子吃得太少、不好好吃、边吃边玩……而孩子也会苦恼为什么吃够了还要再吃，为什么不喜欢的食物不能不吃，为什么吃饭时时处处受限。对孩子来说，吃不仅仅是为了获得营养，吃本身还是个游戏活动，吃奶的时候可以跟妈妈亲热，吃辅食的时候可以鉴赏味道，自己动手就更有趣了，可以把食物送到嘴里，也可以拿出来，可以把食物搅在一起，也可以到处涂抹……

担心吃不够，不要仅仅盯着孩子吃了多少，而要定期监测体格发育，只有出了偏差才需要干预治疗，不然就要接受临时的波动。

发现孩子挑食，不要强行规定必须吃，而应换个做法调整搭配，不然就应该接受孩子的自主选择。

孩子边吃边玩是他们的天性，不要贸然限制孩子的活动，而要排除干扰，吃饭时只提供跟饮食相关的材料和道具，除非涉及安全或卫生问题时才需要控制，不然就给点时间让孩子尝试和探索。

如果家长愿意尊重孩子，接受孩子自主选择吃或不吃，允许孩子尝试锻炼各种探究食物的方式，那么就不会因为饮食问题导致耍赖的表现；但凡因为吃喝而耍闹，大多都是家长进行了过多的不必要的干涉导致的。

家长提供适宜的选择，然后鼓励和接受孩子按照自己的方式进食，只在必要的时候提供孩子乐于接受的帮助，就可以从根本上回避与饮食相关的冲突，极大地消除耍赖的可能，而且完全不用担心孩子吃不好，要相信孩子懂得照顾自己。

睡眠方面，家长常常疲惫于哄睡、频繁夜醒、夜间哭闹或吃奶……孩子之所以要入睡，唯一的原因就是困倦了。如果旺盛的精力没有释放完全，想要哄着孩子立刻入睡绝对是自讨苦吃。家长会发现孩子闹着不睡、放下就醒，甚至黑白颠倒、昼夜紊乱。生活中常常见到热闹场景中熟睡的婴儿，他们甜睡的样子就在告诉家长：如果我真的需要睡眠，那么谁都拦不住。

孩子睡中醒来基本都是因为受到了某些影响，比如外在的声响或光亮的干扰，内在的如腹痛或憋尿等不适。家长还要知道睡眠存在周期性的波动，整个睡眠周期包括瞌睡、浅睡、深睡、梦睡再浅睡，不断循环，在浅睡的环节特别容易受到干扰而醒来，即使没有特殊的刺激，孩子也可能小醒一下或是处在半睡半醒的状态。因为发育相对不够成熟，在入睡和觉醒之间相互转换常会有磕磕绊绊，这时候家长的行动比如拍、抱、哄、喂有可能发挥抚慰的作用，也可能变成额外的麻烦，或者暂时的抚慰隐藏着日后的麻烦。最常见就是用喂奶的方式哄睡。因为本书不是专门解析孩子睡眠问题的，限于篇幅便不再展开。家长需要经常提醒反问自己这样几个问题：

孩子真的需要我来哄他吗？还是只需要我陪伴在一旁，他自己就能渐渐入睡？

是不是有什么干扰影响了孩子睡眠？抑或只是正常的睡眠波动？

抱起、喂奶或者游戏会不会打乱孩子的睡眠节奏，进而培养出糟糕的睡眠习惯呢？

只要家长能够客观地回答这样的问题，三思而后行，就不会因为自己的多余动作而增添额外的麻烦。睡眠质量对孩子的情绪的确有很大的影响，孩子情绪烦躁就难免耍赖哭闹，只要孩子睡醒之后情绪稳定、心满意足就是好的，至于睡了多久、睡眠当中有没有波动相对而言都不是那么重要，睡眠归根结底是孩子自己的事，家长越俎代庖往往都是在自讨苦吃。

交往方面，不少家长会恼火于孩子不听话、不听劝，跟小伙伴互动不是被欺负就是欺负人，然而孩子也会苦恼为什么父母不懂得自己，为什么小伙伴并不总是那么友好。俗话说一个巴掌拍不响，交往方面的各种问题一定不能只归咎于单方的责任，交往中的障碍或冲突也必须从互动双方着手才能妥善解决。

孩子之间的冲突不可避免，完全没有经历伙伴冲突和没有解决矛盾的经验是一种成长的缺憾。父母当然需要防控孩子之间发生冲撞的真正危险，不能让任何一个孩子遭受实质的身心伤害。但是另外一方面，家长过早、过度介入孩子之间的争斗，要么会把局面弄得更加复杂，要么就会剥夺孩子练习应对难题的机会。等一等，看一看，往往能够发现孩子会用自己的方式找到化解冲突的出路，他们或抗争或妥协、或服从或示强、或搁置或转移，总会在不断尝试中逐渐打磨交往的本领和策略，而孩子们相互之间是极少通过耍赖这种低级的方式进行应对的。

孩子跟家长耍赖会有不同的风格，有的是"一招鲜吃遍天"，以不变应万变，有的是花样百出，但是万变不离其宗。无论形式如何，耍赖本身也是亲子交往的一种特殊形式，父母需要先来检视自己有没有助长这种互动模式：

回应孩子有没有时常慢半拍，等到孩子耍赖了才认真反应？

是不是孩子耍赖之后多数情况都能够得偿所愿？

会不会坚持要求孩子做他们不喜欢的事？或者强求他们按照家长的规定动作行事？

有没有按捺不住自己的情绪，时不时用发火的方式对待孩子？

交往互动讲究的是以对方可以理解的方式进行沟通，而不能是一厢情愿；追求的应该是以对方乐意接受的方式表达和行动，而不是我行我素。如果每一位家长都能够注意到亲子交流互动的方式和效果，孩子就会自然而然地放弃要赖吵闹的"低级动作"。

与孩子分离是不可避免的，然而在特定的年龄阶段（主要是1~3岁），亲人离开身边，无论离开时间是长是短，都会引起孩子强烈的情绪反应，有时候就可能成为引发要赖的导火索。小孩子喜欢亲人稳定的陪伴，尤其是在发展依恋关系的关键阶段，他们不喜欢"惊喜"，特别是难以预期的突然分离，对孩子来说堪比惊吓，几乎必然会引起他们愤怒抵抗或者忧伤自怜一番。

日常的分离，比如父母上班外出，父母最好表现得泰然自若，用自己平静的态度和行为让孩子觉得暂时分别是正常小事，切忌用偷偷溜走或者哄骗的方式离开，这样做会让孩子更压抑或担心。可以试着努力帮孩子把分离的焦虑转化为重逢的期待，比如告诉他们在傍晚做完特定的活动后妈妈就会悄然归来，只要让孩子认定妈妈不会就此离去，他们自己也会努力调整应对。

临时的长别，比如出差，应该事先做些安排，可以给孩子准备一些特别的材料道具，布置一些有趣的游戏活动，安排相对稳定的通话和视频联系，尽管孩子仍然会感到压力，也不免有些疑虑，但完全可以当作成长的锻炼。当妈妈带着礼物再次归来的时候，孩子会发现没有真正失去什么，倒是有额外的收获和欣喜。

孩子不是微缩版的成人，他们有自己的认知和想法，也有自己的逻辑，父母找到办法跟孩子有效沟通，用积极的心态处理可能遇到的问题，不纠结于孩子个别的不良表现，就能够从根本上避免制造诱发孩子耍赖的泥潭。

◎ 以适宜孩子个性的方式沟通互动

每个孩子都有独特的气质个性，或好动，或好静，或敏感，或洒脱，或温和灵活，或疾恶如仇……不同的个性特点本身难说好坏，而是各有长短，关键是不同的孩子遇上了什么样的环境，结缘了什么样的父母。

环境的特点正好适合孩子的气质个性，孩子的成长就顺利，麻烦就少；环境如果跟孩子的气质个性不对付，问题就会层出不穷，孩子的心理和行为也容易出现偏差。父母不一定能够改变所有的环境条件，但是可以做出更好的选择，也可以为孩子创造适宜的小环境。

每个人跟别人沟通交往都会有特定的模式与风格，但家长面对孩子时，不能总是以自我为主，让孩子被动地适应自己的要求和想法，而是要知道孩子更喜欢什么样的方式，采用更适合孩子的方式沟通互动，这样不仅会避免节外生枝，减少很多本可避免的麻烦，更有利于培养孩子良好的心理素质和行为习惯，让育儿早教事半功倍。

甜甜是个慢热的孩子，也是个谨慎的孩子，妈妈一直记得小时候带甜甜去玩滑梯，她总是小心翼翼的，看到别的小朋友过来，甜甜就会马上躲开。当时妈妈心里那个急呀，不停地催促她快点但却适得其反。

如今甜甜上学了，早上起床成了不小的问题。从睁开眼到穿好衣服，甜甜得花上近半个小时，洗漱出门又得半个多小时，万一中间遇到一些小麻烦，要想不迟到那是相当的难。可是上学不比上幼儿园，在幼儿园时，早一点晚一点老师通常不会太过计较，可是上学迟到即使老师"宽宏大量"，小朋友的眼光也够孩子瞧的，被同学们另眼相看绝对不是好事情啊。

好在甜甜妈妈吸取了过往的教训，她知道像甜甜这样的小同学，你越是催她就会越慢，压力大了弄不好还得哭天抹泪一番。于是妈妈改为采用支持帮助加鼓励的办法，把衣服举起来让甜甜举起手一钻就穿上，把裤子摆正并把裤脚挽起来鼓励甜甜两条腿一起伸，把牙膏盖子提前拧开……做的更棒的是，甜甜妈妈不会说"快快快，今天又晚了"，而是说"别着急，今天比昨天足足快了一分钟，加油"。

就在这样耐着性子提供帮助的努力下，一个月后效果真的明显了，甜甜不再因为起床穿衣洗漱着急，在轻松的状态下效率提高了一倍，更有趣的是甜甜还跟班里一个同学介绍经验说"你不能着急，请妈妈稍微帮点忙，起床就能快好多"，结果那个同学妈妈隔三岔五地就要找甜甜妈妈来取经。

亲子之间良好沟通的重要性怎么强调都不为过，若沟通出现困难和障碍，其他方面就不可能做好，甚至可以说孩子耍赖是一种另类沟通，是正常沟通互动出现问题的衍生"产品"。

沟通互动是双向的，表面上孩子似乎是互动中弱势的一方，家长的想法和要求他们不一定能够理解，然而事实上家长也不一定就是强势的一方，孩子有自己的思维方式，也有自己的想法和感受，父母单方面的"套路"常常不那么管用。

要做到很好的沟通互动，先要更好地懂得和理解孩子，家长总不能只要求孩子明白自己吧？尽管认清孩子的气质个性是个专业性很强的任务，但家长的优势是每天都可以看到孩子的鲜活表现，只要能够放下固有的观念，通过客观的观察，再配合互动的试验，做到更积极地适应孩子的特点也不算太难。

父母可以经常反问自己这样几个问题：一是孩子对这件事的感受是什么呢？二是孩子会怎么想，又会做出什么反应呢？三是如果我这样跟孩子说，他们会怎么理解呢？四是我用什么样的方式给孩子提要求，他们会更乐意接受呢？别看这样的问题貌似简单，其实儿童心理学家就是带着这样的议题通过科学研究来探知孩子心理的。

除了反问自己，家长还应该练就一种习惯：跟孩子沟通互动要多想几步、多备几手。俗话说好棋手当看五步之外，有时候家长跟孩子之间也像在对弈，如果家长只是走一步看一步，就难免会陷于困境。孩子的成长不能返工重来，每一次具体的沟通互动也不可能"悔棋"，预先考虑一下孩子会如何反应，提前准备下一步该怎么应对，养成这样一种习惯，加上尊重孩子个性的前提，亲子互动就会进入良性循环，孩子不得已而耍赖的可能性就会大大降低。

◎ 为突发意外或家长过失做好事后补救

前文介绍了应对孩子耍赖问题父母需要怎么做，却并不能说家长练就一身武功就不会有任何闪失了，突发事件或者家长一时疏忽，仍然可能遭遇孩子耍赖的局面。事物总有两面性，假如一个小朋友从小到大从来都没有尝试过耍赖，也不能肯定就是绝对的好事，关键是孩子从耍赖以及父母应对的经历当中，所得到的经验教训是什么。

记得曾有家长感慨"为了孩子，我都快不认识自己了"，意思是做了父母后不得不夹起尾巴做"圣人"，处处为了孩子牺牲自己，最后变得几乎没有了自我。说到这里，总想借用飞行安全中的那个重要提示："假如遇到紧急情况，请你一定自己先戴好氧气面罩，然后再去帮助别人。"哪怕是要帮助孩子，也先要把自己安顿好。道理的确如此，父母做不好自己，就几乎没有可能培养好孩子！

人无完人，每一位家长都不要指望对待孩子的每一件事以及每一言一行都尽善尽美。每个人都可能有失误，每个人都无法避免犯错，父母教养子女也是如此。优秀的家长并不是不会出差错，而是能够正视错误，而且懂得补救。

星星妈妈是个很周全的人，在单位不仅与同事关系很好，处理问题也是妥妥当当的。凡是遇到难缠的客户或者不易摆平的复杂问题，领导和同事第一个想到的就是请她出面处理。大家甚至评价"没有星星妈妈处理不好的难题，若是她处理不好，那么这个难题换了谁都不行，因为本身就是无解"。

不像有些妈妈内外有别，工作中一把好手到了孩子面前常常束手无策，星星妈妈堪称全能选手，跟孩子沟通互动也能抓到关键点。然而什么事情都有例外。一次，星星到奶奶家玩，自己带去的最喜欢的娃娃被小弟弟弄坏了，当场哭了一通还没完，晚上回到自己家里还继续发泄，耍闹间竟然碰翻了水杯，把妈妈的重要文稿浇得一塌糊涂，星星妈妈情急之下抬手给了星星一巴掌。这孩子从未见过妈妈暴怒的阵势，刚放声大哭就被吼了回去，悻悻好一阵才睡去。

第二天，妈妈招呼星星起床，第一件事就是道歉，她没有着重辩解自己的文稿有多么重要，而是说："妈妈遇到了困难，正心情不好，你是不小心碰翻茶杯，结果引得妈妈乱发脾气了，妈妈打你让你受罪了，妈妈自己也不好受……妈妈想办法帮你把娃娃修补好，以后咱俩谁心情不好的时候都跟对方说说，然后咱俩互相帮助，好不好？"

没有在孩子面前失控、没有对孩子施暴的父母自然可以庆幸，但却不一定值得推崇，遇到强烈的激惹而能够把持住自己，或者爆发过怒火却懂得补救善后的做法才更值得肯定和借鉴。这样的家长不仅仅知道反省，更重要的是有责任、有担当，他们用自己活生生的例子演示给孩子看——如果你控制不住情绪而耍赖，就需要接受后果，也需要承担责任，更积极的做法是想办法去补救，学着为别人着想也会让自己感到放松和快乐。

星星妈妈曾在事后分享自己的感受：已经发生的损失你已经无能为力，为什么还要为它添加新的麻烦呢？发泄情绪或许能得到一时的痛快，但痛快过后常常带来更多的麻烦和更大的痛苦。工作固然重要，但没有什么比孩子更重要；工作的损失可以努力弥补，对孩子的伤害如果不及时补救，恐怕日后永远都没有机会了。

这个故事是本书的最后一个，我们已经不再需要过多分析总结。孩子是独立的人，但他们的命运会被我们左右。当我们看到孩子令人恼火的表现时，他们其实正陷于苦恼之中，设身处地换位思考一下，用正面和积极的方式为孩子提供支持和帮助，不良行为就失去了扎根的土壤。

父母遭遇挑战的时候，何尝不是提携孩子成长进步和修炼我们家长自己的契机呢？您同意吗？